新 潮 文 庫

超 常 現 象

科学者たちの挑戦

ＮＨＫスペシャル取材班著

新 潮 社 版

10936

超常現象　科学者たちの挑戦＊目次

第二部　秘められた未知のパワー～超能力～

苅田章

超常現象

科学者たちの挑戦

はじめに

超常現象……。
現代科学は、その正体にどこまで迫れるのか。
そして、その先にどんな謎《なぞ》が残されるのか。

話は1999年にまでさかのぼる。そのころ、私はまだディレクターで、NHKスペシャル「四大文明」という番組を制作していた。エジプトの回を担当し、大ピラミッドを取材していたが、調べれば調べるほど、謎は深まるばかりだった。一体どうやって建設したのか。さまざまな仮説はあるものの、実際のところは、全くもって分からない。これだけ科学が進んだ現代でも合理的な説明ができないのだ。でも、ピラミッドは、現実に目の前にそびえている。まさに超常的な構造物だった。
以来、常識では説明できない超常的な事柄に興味を惹《ひ》かれるようになり、いつしか超常現象そのものを番組化できないかと思うようになった。その後、プロデューサーになってからも少しずつ取材を積み重ね、最初の企画書を書いたのが2004年。しかし、NHKで超常現象を真正面から扱うことのハードルは予想以上に高く、なかなか企画が通らない。半ば諦《あきら》めながらも、取材をやり直しては何度も企画を修正し、ようやく実現することができたのが、本書の基になっているザ・プレミアム「超常現象」(全2回。2014年1月放送)と、NHKスペシャル「超常現象 科学者たちの挑戦」(2014年3月放送)という番組である。

ところで皆さんは、超常現象というとどんなイメージを持たれるだろうか。思い込みや錯覚。トリックやインチキ……。いずれにしても、現実には存在しない眉唾《まゆつば》ものだと思われるに違いない。そして実際、大部分がそのとおりだ。研究者によると、超常現象と報告されるものの99パーセントは、何らかの形で納得のいく説明がつけられるという。ただ、残りの1パーセントは、どうしても現代科学で説明できない。不可思議な現象は実在するというのだ。

本当か。現代科学で説明できない現象なんて存在するのか。

この問いに答えるには、日食の例が分かりやすい。日食とは、言わずと知れた太陽が月に覆《おお》われる自然現象である。現代の人々は、この現象を何ら不可思議だとは思わない。なぜなら、どうして日食が起きるか、その仕組みを知っているからだ。しかし、地球が動いているなんて知りもしなかった古代の人々の目には、日食はどう映っただろう。原因も分からず、突然太陽が消えて暗くなるなんて、人知を超えた神の仕業だ。日食は、説明不可能な超常現象だったに違いない。

だとすれば、今の時代にも、超常現象はあるのではないか。未来の人々には理解できるが、現代の我々には説明不可能な現象があっても全くおかしくないはずだ。

超常現象というと、言葉のイメージからか、神がかったオカルト的な現象だと思いがちだ。しかし、解明に挑んでいる多くの科学者は、そんなことは思っていない。例えば幽霊を研究している人が、死後の世界や魂の存在を信じているかといえば、そうではない。そんな不合理なことはないと確信している人がほとんどだ。

では、科学者たちは、超常現象をどう捉《とら》えているのか。その答えはこうだ。

〝超常現象とは、現代科学では説明ができていないだけであって、いつかは必ず合理的な説明がつけられる自然現象や物理現象である〟

多くの科学者たちは、そう確信して研究している。そして、その答えに近づけないかと、必死の模索を続けている。本書に登場するのは、そういった科学者たちであり、その最前線の研究の詳細である。

実は、これまでにも、超常現象を扱った番組は、かなりの数に上る。そして、それらの番組は、大きく二つに分類されると思う。一つは、超常現象を、検証することなく無批判にあおり立てるもの。もう一つは、それとは逆に、超常現象を現代科学でとことん説明しつくそうとするもの。大体の番組は、このどちらかに当てはまるのではないだろうか。

しかし今回の番組は、そのどちらでもない。我々がとったスタンスは、次のようなものである。まずは、超常現象を最先端の科学で徹底的に検証し、何がどこまで分かってきたのかを、詳細に見極めていく。現代科学によって、超常現象の正体が次々と明らかになっていく過程は実に爽快《そうかい》だ。だがそれだけでは終わらない。検証の結果、残された謎についても、包み隠さず触れていく。現代科学ではまだ説明できない現象があったとしても、その事実をありのままに伝えていこうというものだ。

今回の番組を制作するにあたって、心がけたことが三つある。

一つ目は、現代科学の限界をあぶり出すことだ。

こんな話がある。17世紀、栄華を極めたフランスの頂点に君臨していたルイ14世は、宮廷のお抱え医師の勧めで全《すべ》ての歯を抜いたという。なぜそんな無謀なことをしたのか。実は、当時は歯があることが万病のもとだと考えられていたそうだ。だから抜いた。それで一生食事に困った。今考えれば、ばかばかしい限りだが、それが当時の最新医学だった。疑う余地もなく正しいものと信じられていた。そんな例は山ほどある。

事ほどさように、現代の最新科学の見解や成果が、将来もずっと正しい保証はどこにもない。当たり前だ。科学はまだまだ進歩の途上にあるのだから。今我々が信じている常識が、未来の人々にとっては驚くべき非常識となる事例など、たぶん、たくさんあるはずだ。

しかし、人間の性《さが》なのか、いつの時代も、人々は、自分たちの世の中が最高の極みにあると思ってしまう傾向があるようだ。それが驕《おご》りを生む。過信を増長させる。人類はその結果、多くの過《あやま》ちを犯してはこなかったか。そしてその傾向は、現代社会において、特に顕著ではないか。

我々の身の回りにも、実は、まだ解明できない不可思議な謎が数多くある。そうした研究成果を淡々と示すことで、自分たちの立ち位置を再認識してほしい。現代科学はまだ途上にあるという、ごく当たり前のことを改めて知り、少しでも謙虚になることで、回避される過ちも少なくないのではないか。

超常現象という、一見とんでもない話題を扱った番組が、そんな役割をほんの少しでも果たすことができたなら……。ちょっと大上段に構えた高邁《こうまい》すぎる目標だが、そんな思いがこの番組には込められている。

二つ目は、科学の可能性を示すことだ。

かつて錬金術というものがあった。ありきたりの安い金属から、黄金を製造しようというものだ。容易に手に入る金属が、貴重な金に生まれ変わるという。普通に考えればありえない、いかにもいかがわしい話だ。しかし、多くの人々がこの話に魅了され、錬金術の研究にのめり込んでいった。そして数々の実験が繰り返された。結局、金を作り出すことは、当然できなかったわけだが、この過程でさまざまな発見があった。塩酸や硫酸など、現在も用いられる多くの化学物質が、錬金術の実験過程で発見されたものだという。化学的な実験方法も、飛躍的に進歩したそうだ。つまり、怪しげな錬金術への取り組みが、化学の発展を促したのである。

占星術もそうだ。人間の運命を天体の動きで占うという占星術に、科学的な根拠は全くない。それでも人々は熱心に夜空の観測を続けた。その結果、多くの発見がもたらされ、天文学の大いなる発展に寄与した。

こうした事実から言えるのは、いかがわしかったり、疑わしかったりすることに蓋《ふた》をせず、真摯《しんし》に取り組むその姿勢が、新たな科学を生み出す牽引力《けんいんりょく》になるということだ。逆に言えば、「そんなことは、ありえない」と無視をして目をつぶったら、科学は進歩の機会を失ってしまう。うそか本当か。不確かなものを否定する前に、まずは真実を追い求めて取り組んでいく探求心が大切なのである。

超常現象への挑戦も、まさにこれと同じことではないか。超常現象を、ばかげたことだと取り合わないのは簡単だ。しかし、不可思議な謎への挑戦が、新たな科学の可能性を広げることは、これまでの歴史が証明している。しかも謎が多ければ多いほど、それだけ新たな発見がなされるチャンスも多いに違いない。

不可思議な超常現象の研究は、科学の未来にどんな扉を開くのだろうか……。本書を読んで、そこに思いを馳《は》せていただけたなら、制作者としてはうれしい限りだ。

そして三つ目。それは、〝人間とは何か〟という命題に迫りたいということである。

例えば人間の脳。一説によれば、人間の脳は、まだその1割程度しか解明されていないともいう。その割合が正しいかどうかは別にして、まだまだ分からない部分が多いことは事実だ。しかし、超常現象の研究がきっかけとなり、これまで知られていなかった脳のメカニズムの一部が解明され始めている。実に画期的な発見もあり、人間の脳が持つ潜在能力の奥深さに今更ながら驚かされる。

さらに、詳しくは本編に譲るが、科学者たちの挑戦により、人類が進化の過程で獲得した、危機回避のための生存本能の詳細も明らかになりつつある。そして驚くべきことに、もしかしたら人間には、不思議な未知のパワーが備わっているかもしれないという、にわかには信じがたい可能性までもが示唆《しさ》され始めているのである。

こうした事実を目《ま》の当たりにすると、我々は、人間について、いかに知らないことが多いのかを改めて思い知らされる。と同時に、たぶん人間は、我々が想像する以上の存在に違いないという期待に胸が弾まずにはいられない。

人間とは、一体どんな生き物なのか……。

そこには、どんな可能性が秘められているのか……。

人間という生命体が持つ果てしない魅力の一端を少しでも伝えたい。これが、この番組が目指した究極のメッセージと言える。

果たして、そのメッセージにどこまで迫ることができたのだろう。それは、本書をお読みになる読者の判断に委《ゆだ》ねたい。

NHKスペシャル「超常現象」プロジェクト制作統括　大里智之

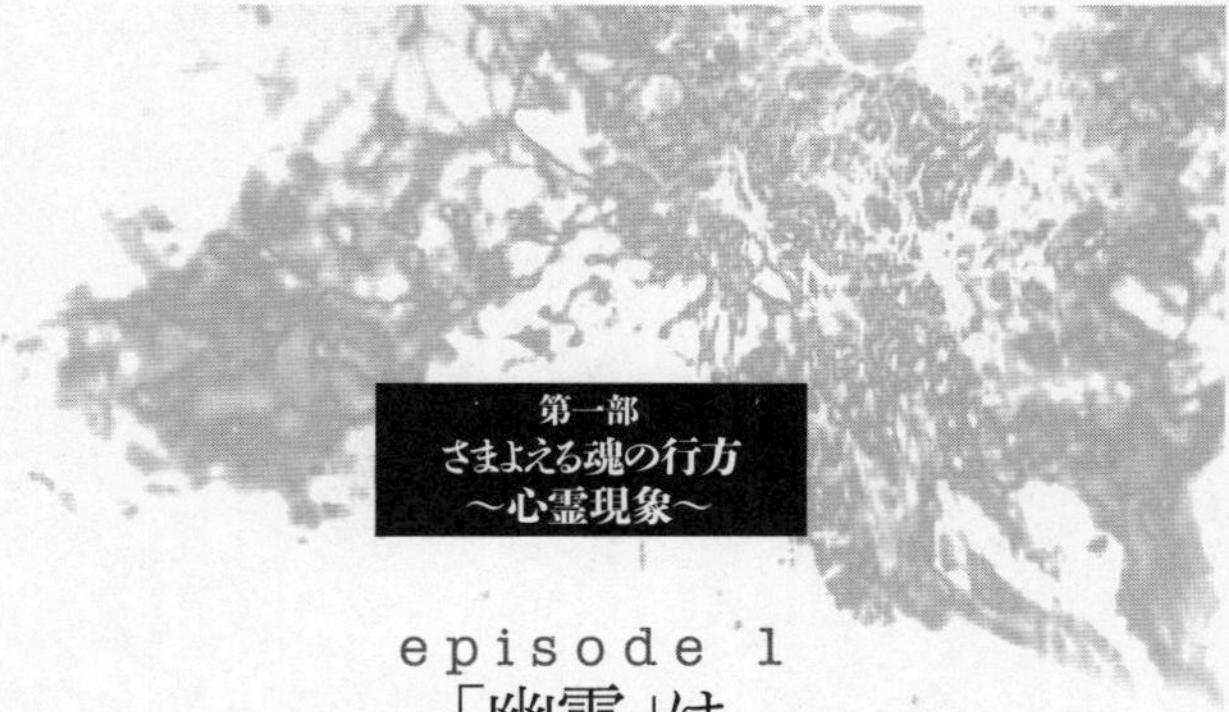

第一部
さまよえる魂の行方
〜心霊現象〜

episode 1
「幽霊」は未知なる存在か

魂や死後の世界は存在するか

僕は、魂や死後の世界は存在しないと考えてきた。幽霊や人魂《ひとだま》を見たことがないし、臨死体験もない。死後の生命を実感したことがないので、どうにも信じられないのだ。もちろん、先祖のお墓や仏壇は大切にするし、親しい人が亡《な》くなれば、天国に行ってほしいと心から願う。しかしそれは習慣のようなもの。改めて、「魂や死後の世界を信じるか」と問われると、答えは「ノー」だ。だから、幽霊や生まれ変わりという話を聞くと、眉《まゆ》に唾《つば》を塗って身構えるような人間だ。

2013年5月、僕は、関西のマンションの一室で、ある男の子の育児日記を見せてもらっていた。子どもの幸運を願って選んだのだろう、四つ葉のクローバーが描かれた日記帳の表紙をめくると、端正な文字が几帳面《きちょうめん》に並んでいる。そこには、〝とも君〟と呼ばれる子どもの不可思議な振る舞いが、母親によって子細に記されていた。

とも「にんにくをむきたい」
母「なんでそんなことしたいの?」
とも「とも君って呼ばれる前にしたことがある」
母「え? どういうこと?」
とも「とも君って呼ばれる前は、イギリスのお料理屋さんの子どもやった」
母「前のとも君はどこにいるの?」
とも「45度くらいの高熱が出て、死んでしまった」

前世はイギリス人だった、という幼い子ども。母親の育児日記には、子どもが英語に関係するものに、異様な反応を示す様子が記されていた。例えば、企業名のロゴ〝AJINOMOTO〟〝COSMO〟などのアルファベットにくぎづけになること。テレビドラマの主題歌で、カーペンターズの歌『トップ・オブ・ザ・ワールド』が流れると、突然、流暢《りゅうちょう》な英語で歌ったこと。前世に英語圏で暮らしていたことを物語るような、いくつものエピソードにあふれていた。常識では、とても信じられない。取材に対しても、「信じられないですよね」と日記を書いた母親自身も繰り返す。

「取り上げてほしくない」と難色を示していた。

魂や死後の世界は存在しない——。そう僕は考えてきた。しかし、目の前の女性は、うそをついて注目を集めようとしたり、妄想に支配されたりしているようには見えなかった。逆に、人知れずしたためてきた育児日記が、確固とした事実を裏付けているように感じられた。

胸が、高鳴った。

もちろん、男の子が語ったことが本当に前世の記憶なのかどうかは分からない。しかし、「生まれ変わりとしか思えないような現象」が起きているのは事実のようだ。この世界には、僕の知らない何かがあるのかもしれない。ぐんと興味が湧《わ》き立った。魂や死後の世界の存在を物語るかのような超常現象。現代の科学は、それをどこまで解明できるのか。そこには、どのような真実が眠っているのか。

こうして、我々取材班は、世界中の不可思議な心霊現象を追い、その謎《なぞ》を科学で解明する旅をすることになった。それは、予想をはるかに超えて、心が揺さぶられる旅だった。

幽霊が出るという家

ゴトゴトと林の中を、車は走っていた。何度目だろう、運転手のギャリーが道端の人影に目を留めて、窓を下ろす。

「この辺りに飛行場があるらしいんだが」

「ああ、それならこの道沿いにあるよ」

これまた何度目かになる同じ言葉をもらって、再び車は動き出す。同じ道を行ったり来たりして、車は、鉄さびた小さな門の前で止まった。あまりに古びたそのたたずまいは、飛行場への入り口とは思えず、何度も通り過ぎていたのだ。しかし、これ以外に、どうにも入り口らしきものはない。しかたなく、そうっと門を押して、車を進ませる。すると、突然、視界が開けた。きれいな緑の草原が広がっている。管制塔らしき、古い民家のような素朴な建物の向こうには、地面をならしただけの赤茶けた滑走路。そこに、日光を浴びてキラキラ光る、１機の真っ白なセスナが止まっていた。

イギリスというのは不思議な国だ、とつくづく思う。世界でも随一の歴史と伝統を重んじる国で、古いものを大切にし、極力変化を好まないように見える。かといって、新しいものを拒否するわけでもなく、草っぱらの飛行場に最新のセスナがしっくりと溶け込んでいたりする。

民家の居間のような待合室では、自らセスナを操縦してきたバリー・コルビン博士が、のんびりと紅茶を飲んでいた。「さすが英国紳士……」と勝手に納得しながら、握手を交わす。コルビン博士は、心霊調査で世界にその名を知られる研究機関、SPR（心霊研究協会）の幹部である。化学関連企業を経営する傍ら、心霊現象を科学で解明しようと、40年にわたって研究を続けてきた。老境に差しかかりながら、ジーンズを粋《いき》にはきこなし、気の若さを感じさせる。

古い歴史や伝統を重んじるイギリスの人々が、大切にしてきたものの一つが「幽霊」だ。例えば、政争に敗れた貴族や王族が幽閉され、処刑された場所として名高いロンドン塔。血塗られた幽霊の目撃談が多く、かの夏目漱石《そうせき》も留学中に訪れている。心霊現象が起きるという幽霊屋敷が売り出されるとたちまち高値が付くし、心霊スポットを巡る〝ゴーストツアー〟が観光の目玉としてにぎわっている。もし幽霊がいるならば、イギリスは彼らにとって、きっと世界で一番暮らしやすい国だろう。小説や映画で描かれるように、幽霊たちは、人々を驚かせようと頑張っているのなら、信じる人が多いこの国ではやりがいがあるはずだ。

取材班は、コルビン博士と一緒に、幽霊騒動が起きているという現場に向かった。

林を抜けて小さな町に入り、古びた一軒家に到着する。通りには、同じような造りの家が隙間《すきま》なく並んで、どこにでもある郊外の住宅地といった雰囲気だ。

コルビン博士がドアをノックする。ほぼ同時に、主《あるじ》の女性が飛び出してきた。

あいさつもそこそこに、とにかく現場を見てくれと、家の中へ引っ張り込まれた。玄関を入ると、目の前に階段があり、2階へ上ってすぐのところにバスルームがあった。そこで、女性は顔全体が口になったかのような勢いで、家族がどれだけ不安に怯《おび》えているかを訴え始めた。

「突然、ドタンバタンというひどい音が聞こえるの！　駆けつけてみると、まるで何かが爆発したみたいに、洗面台のものがあちこちに飛び散っているのよ！　コップなんか浴槽の中にあったわ！　粉々に砕けているものもあったのよ！」

さらに女性は、階段でも不可思議なことが起きると主張した。

「誰もいないはずなのに、ドシンドシンと重いブーツを踏み鳴らすような大きな音が聞こえてくるの！　急いで来てみると、何だか頭が痛くなるのよ、目の奥のほうが痛むというか」

コルビン博士は、隣の家との距離や、階段の材質、きしみ具合をチェックしながら、質問を投げかける。

「この家に関する歴史で、何か分かっていることはありますか」

「以前、ここに住んでいた夫婦が破局したらしいわ。奥さんと子どもが家を出て行ったの。確か残された男性がガレージの車の中で自殺したとか……」

女性の話は続く。その様子を見ながら、来る道すがら聞いたコルビン博士の説明を思い返していた。博士によると、心霊現象に悩まされているという連絡は年間100件程度。そのうち調査する必要があると感じられるものは、1〜2パーセント。さらに、実際に現場を訪ねてみて、本物の心霊現象だと感じられるような事件は、ほぼ皆無ということだった。今回のケースは、どうなのだろう?

女性の訴えを聞いていたコルビン博士は、また騒動が起きたら連絡してください、と言い置いて現場を離れた。家の外に出て、我々は博士に、今回の事件は心霊現象かと尋ねる。博士は、現象の原因は特定できていないと前置きしつつも、家には不特定多数の人々が出入りしている痕跡《こんせき》があったと答えた。玄関と階段がつながる間取りの家では、女性が気づかない間に、子どもやその友達が出入りしている可能性が考えられる。そのドタバタとした足音や子どもならではの騒ぎを、幽霊の仕業と勘違いしているかもしれない。つまり、心霊現象を疑うような現場ではない、と見立てたのだ。

「台所には猫のエサもありましたね」と騒ぎの原因かもしれない別の可能性も、コルビン博士は付け足した。

飛行場にコルビン博士を送った時には、分厚い雲が空を覆《おお》っていた。コルビン博士が乗り込んだセスナが、灰色の空に挑むように、真っ白な線を引いて上昇していく。それを眺めながら、僕は、心霊現象を解明しようとすることの難しさについて考えていた。

今なお世界中で報告される、魂や幽霊の存在を物語るかのような超常現象。その中に、〝本物〟はあるのだろうか。コルビン博士は、干し草の中から針を見つけるようなものだと言った。

しかし、「だから面白い」とコルビン博士は続けた。「だからこそ探究する価値があるのだ」と。超常現象の研究に、なぜ取り組むのか。不可思議な現象の99パーセントは科学的に解明できる。しかし、それでも説明できない1パーセントがある。その1パーセントの中にこそ、人類がまだ知らない世界の真理が眠っているはずだ。そう信じて、不可思議な現象の解明に挑むのだ。

こう考えるのは、コルビン博士だけではない。実は、超常現象の謎に挑む科学者たちの研究には長い歴史がある。ノーベル賞受賞者をはじめとする超一流の科学者たちが、真剣に、魂や死後の世界の謎を解明しようと取り組んできたのだ。その中心となって活動してきた研究機関の一つが、コルビン博士も所属するSPRである。

SPR——華麗なる心霊研究の歴史

「心霊研究協会（Society for Psychical Research）」は、その頭文字をとって、SPRと呼ばれる。1882年の設立で、会員数はこれまでにおよそ1万人、世界42か国に広がる巨大な国際組織だという。その目的は、超常現象を科学的に解明すること。

130年以上前の設立当時は、産業革命を経て、科学の発展が世界を動かす原動力となっていた時代である。X線や電子など、科学史に残る発見が相次いで報告される、まさに直前の時代。人間の目には見えない未知のエネルギーの源に、大きな関心が集まっていた。

同じように、未知なる領域の研究対象として、科学者たちは魂や死後の世界に注目した。幽霊をはじめとする不可思議な心霊現象が、真剣な科学研究の対象となったのだ。

SPRの設立100周年を記念して出版された『心霊研究—その歴史・原理・実践』（技術出版）という本がある。ページをめくると、きら星のごとき豪華な会員の顔ぶれに驚く。物理学や医学生理学などノーベル賞受賞者が11名。フロイトやユングなどの心理学者、アンリ・ベルクソンやコナン・ドイル、ルイス・キャロルなどの哲学者や文豪たち。かつてのイギリス首相であるウィリアム・グラッドストン、アーサー・バルフォアも名を連ねる。

これだけのメンバーが、どのような研究を行っていたのか。それを知る手がかりは、ケンブリッジ大学にある。ＳＰＲを設立したのは、この大学の研究者たちであり、貴重な資料が今も大学の図書館に保管されている。多くは、古今東西の心霊現象の記録や調査資料、アンケート・データなどの膨大な書類である。他に、会員たちがやりとりした書簡の束。白黒の心霊写真のアルバム。中には、霊媒師がインチキに使ったという仕掛け付きのメッセージボードや、著名な霊能者の左手の鋳型《いがた》など、単なるオカルトにしか思えないようなものまで幅広く収集されている。

具体的な研究内容については、例えば、「アナフィラキシー・ショック」の研究でノーベル医学生理学賞を受賞したシャルル・リシェが記録を残している。リシェは、ノーベル賞を2度受賞した物理学者のキュリー夫人に協力を依頼し、エウサピア・パラディーノという霊媒師の調査を共同で行った。パラディーノは、霊を実体化させ接触ができる霊媒師として、世界に名の知れた存在だった。二人のノーベル賞科学者は、霊の実体化が本当なら、未知の物質やエネルギーの検出につながるかもしれないと期待したと考えられる。実験では、リシェとキュリー夫人は、霊媒師・パラディーノの両手を握って動かすことができないようにし、椅子《いす》に押さえつけていた。ところが、二人の眼前に青白い手が現れ、空中を動いて、煤《すす》で黒くした紙に5本の指の跡を残したという。

「不合理である。しかし、真実である」。リシェが残した言葉だ。

しかし一方で、SPRメンバーによる科学調査は、魂や幽霊を思わせる多くの現象は、単なる自然現象にすぎないことを明らかにした。それどころか、多くのインチキやトリックを暴《あば》き出すことにもなった。調査が、魂や幽霊の存在を否定する結果につながることも多かったのだ。そのため、第1次世界大戦で息子を亡《な》くし、心霊研究に没頭した作家のコナン・ドイルのように、科学究明の傾向を強めるSPRに反発して、会を去る者が続出した。それでも、不可思議な現象を科学で解明しようというSPRの方針は揺るがなかった。

不可思議な現象の99パーセントは、科学で解明できる。しかし、説明できない1パーセントが残る。そこに、新たな科学の可能性が眠っているかもしれない——。

SPRの会長を務める生物学者のジョン・ポイントン博士は言う。

「SPRの主要な目的は、多くのデータを収集することです。我々が集めてきたデータ、証拠、事実は、未来の科学を形作っていくうえで、とても役立つことは間違いありません」

ＳＰＲの研究は、不可思議な現象について常識ではありえないと無視するのではなく、全く新しい可能性を見いだそうとしている。そこには、「心霊研究＝オカルト」といううさんくさいイメージは、ほとんど感じられない。

ただし、厳密な科学の立場で考えれば考えるほど、魂や死後の世界の謎を解明することは簡単ではない。人間は死ぬとどうなるのか、誰もが納得する形で実証しなければいけないからだ。１３０年以上続く研究でも、明確な答えは示せていない。その結果、ＳＰＲの活動も、近年は細々と続けているというのが実状のようだった。

しかし、今再び、心霊研究にスポットが当たりつつあるとポイントン博士は言う。新しい発見につながるデータが着実に蓄積されつつある、と言うのだ。その理由は、大きく発達した現代科学が、研究の新たな推進力になっているからだという。これまでは記録さえできなかった心霊現象でも、最先端の科学機器を用いることで、客観的にデータ化することが可能になったためだ。どうやらそのデータが、科学者たちには宝の山に見えるらしい。

取材の方針

「私は、心霊現象を一切信じません」

富永真太郎カメラマンは、きれいにくしの入った総髪を後ろに束ね、鋭い目で人を射ぬく。以前、中東で共に取材をした時、現地の人から〝サムライ〟と畏怖《いふ》されていた。心から信頼し、尊敬できる凄腕《すごうで》のカメラマンだ。しかし、「いわゆる幽霊を撮影したいんです」と相談を持ちかけた時、富永カメラマンは、「幽霊などいません」と即答した。

その彼が、イギリスで、ＫＡＴＳＵ－ＣＵＲＲＹ（カツカレー）を食べている。

２０１３年７月、取材班は、イギリスの首都ロンドンから、西のウェールズ地方へ向かっていた。有名な幽霊古城があるという情報を得たからだ。

高速道路の道すがら、家族連れで混雑する昼時のサービスエリア。海外では日本食ブームだというが、こんなところまで、手軽な日本食が席巻《せっけん》している。ＫＡＴＳＵ－ＣＵＲＲＹの味も、日本とほぼ同じ。ただし、なぜか容器が水筒のように細長く、何も考えずに食べると、カレールーがすぐになくなってしまう。白いご飯だけをぼそぼそとつまむ羽目になった僕の前で、富永カメラマンは万全の計算の下、ＫＡＴＳＵ－

ＣＵＲＲＹをゆうゆうと食べていた。サービスエリアの喧噪《けんそう》の中でも、彼の周りはなぜか、薄い水の膜に包まれたような静けさがある。

「幽霊などいません」と即答したはずの富永カメラマンは、結局、今回の番組の撮影を引き受けてくれた。超常現象という形のないものをどのように映像化するか。幽霊などいないと言いながら、新しいテーマに挑戦する面白さを感じてくれたようだった。

「オレは、幽霊、結構信じてるんだよね」

アメリカの西海岸で修業した音のスペシャリスト、中山勇毅《ゆうき》サウンドマンもＫＡＴＳＵ－ＣＵＲＲＹをほお張りながらこう言う。中山サウンドマンは、ロックミュージックをこよなく愛する男だ。偏見かもしれないが、ロックンローラーと幽霊は、あまり結びつかないような気がしたので、その理由を尋ねた。すると、自分自身が心霊体験をしたことがあると言う。祖母が亡くなった日の夜、寝ている時に金縛りに遭った。やがて女性の「ねえ～、ねえ～」と呼ぶ声が耳元で聞こえ、目を開けると天井に青白い煙が渦を巻いていたというのだ。他にもまだまだ怖い体験談はあると真顔で話す。

その傍らから、「魂とか幽霊とか、たぶん、科学で説明できますよ」と通訳兼コーディネーターの上出《かみで》麻由さんが口を挟む。ロンドンの大学で心理学を専攻し、ＮＨＫの大型番組を数多く取り仕切ってきた頭脳明晰《めいせき》な才女だ。超常現象のリサーチというかなりユニークな依頼にもかかわらず、科学研究の最新情報や取材先候補を次々と挙げてきて、さすがの仕事ぶりに舌を巻いた。理知的なゆえに、幽霊の存在はあまり信じていないようだった。

食事を終えて、車は再びウェールズへ向かった。窓に流れる夏草の田園風景をぼんやりと眺めながら、考える。幽霊は、存在するかしないか。人それぞれ、千差万別の考え方がある。生と死に囲まれた人間にとって、それだけ身近な話題なのだ。取材班と話しているだけでも、それぞれに意見が異なった。それ自体はいいことだ。取材のスタンスがどちらの立場に偏《かたよ》っても、きっと、不可思議な「超常現象」の表面しか見えない。KATSU‐CURRYのカレールーばかりに夢中になって、その下の白いご飯の存在に気づけない。そうなると、取材としては失敗である。今回の番組の目的は、魂や幽霊を物語るかのような現象について、〝科学〟で解明すること。そのためにはニュートラルな立場で、

●不可思議な現象を探す。
●その現象を、現代の科学で解明する。
●それでも解明できない不可思議な現象を探す。

という手順を愚直に繰り返すことが必要だ。ともかくまずは、不可思議な現象に巡り合わなければ、何も始まらない。しかし、「不可思議な現象を目撃したい！」と願って、そう簡単に実現するものなのか。さらに本物の超常現象があるとして、そこにたどり着けるのか。SPRのコルビン博士は、干し草の中から針を見つけるようなもの、と言っていたな……。

ぼうっと考えていると、「間もなく目的地です」という上出さんの声が、車内に響いた。

「最も幽霊に憑《つ》かれた城」

取材班が到着したのは、南ウェールズのポート・タルボットという町だった。町の至るところから、巨大な製鉄所の煙突と、モクモクと吐き出される煙が見える。18世紀後半から19世紀にかけて、産業革命が世界の工業化を推し進め、資本主義が確立されようとしていた時代、南ウェールズは石炭と鉄鋼の生産地として一気に花開いた。がんがん生産して劇的な社会変革を支え、世界の歴史を塗り替えた。

しかしその後、石炭から石油へ、エネルギー革命が起きて、徐々に町の産業は衰退していったという。今では、世界を近代へ導く一翼を担《にな》ったことなどすっかり忘れてしまったように、ポート・タルボットはどこか寂れた地方都市だった。目的とする幽霊古城は、この町から車で10分ほど離れた丘陵地帯にあるという。ホテルにチェックインして機材を下ろした後、取材班で集まって、幽霊古城の撮影プランを整理した。

そもそも、あまたあるイギリスの心霊スポットの中から、科学調査の舞台としてこの場所が選ばれたのには理由がある。我々はかねて、SPRのメンバーであり、科学者でもあり、ヨーロッパやアメリカを中心に500か所以上を調査したという心霊研究のスペシャリストに連絡をとっていた。「心霊現場の科学調査を行う時は密着取材をさせてくれ」と依頼したのだ。その科学者が、長年注目してきた幽霊古城がある。しかも、頻繁に心霊現象が起きていて、科学調査をする価値が高いというのだ。さっそくコーディネーターの上出さんが科学者の約束を取り付け、城の管理者ともテレビ撮影の交渉を行った。そして無事に取材班が同行する許可を得ることができたのだった。

取材班は、SPRのメンバーたちよりも一足早く、ポート・タルボットに投宿していた。科学調査が始まる前に、独自取材をしておこうと考えたためだ。まずは、城の立地や構造など基本情報を把握する。続いて、城のどのような場所で、どんな心霊現象が報告されているのか、調べられる限り取材しておく。並行して、城の外観や目撃者の証言収録など、最低限の撮影もすませておく。そうして十分に準備を整えたうえで、科学調査チームを迎える算段だった。

大まかな基本方針を確認して、その日は解散となった。


翌日。さっそく、幽霊古城に向かった。町から離れた丘陵部で、霧をたたえた池のほとり、しっとりと潤《うるお》った木々の合間に鹿《しか》の姿が見える。そこだけ時間が止まったような、濃密な空気が漂う中に、その古城はたたずんでいた。「最も幽霊に憑かれた城」。イギリス・ウェールズではそう呼ばれている。マーガム城だ。

もとは修道院があった場所に、19世紀、現在の城が建てられた。石造りでどっしりとした風格を備え、柱や壁に精緻《せいち》な浮き彫りや飾りが施されている。この巨大な城で孤独に暮らしたという女性の城主にまつわる伝承や、城で働く男が侵入者に殺害されたという凄惨《せいさん》な事件の記録が伝えられているという。今は誰も暮らしておらず、一帯は公園として整備されている。

幽霊が住む、と言われる城。

意を決して、足を踏み入れる。その一歩を踏み出した瞬間、コツンと石畳に自分の靴の音が大きく響いて、ビクッとする。幽霊古城を前に、無意識に緊張していることに気づき、思わず苦笑いがこみ上げる。玄関を抜けてすぐ広がるのが、見事なホールだ。大人が抱えても手が回りきらないほどの石の柱がそびえ、その間を大階段が宙にのびる。天井は吹き抜けになっていて、スポットライトのような日の光が階段に落ちている。

一方で、光が届かない部分には濃密な影がたまり、ひんやりとした空気がよどんでいる。孤独だったという女性の城主の悲しみ、殺害されたという男の怨《うら》み……、ここで暮らした人々が抱いた負の感情が、今も折り重なっているような錯覚を覚える。

「ちょうどここに座っていた時、突然、階段の上の椅子が動き出したんだ」

幽霊を目撃したという地元の男性が、階段の踊り場に我々を誘った。その妻は、踊り場の手すりから何気なく1階を見下ろした時、柱の脇《わき》に暗い人影を見たという。

「男が立っていたわ。なぜか昔風の格好をしていて、ハンチング帽をかぶっていたの……」

ハンチング帽とは、イギリスで狩猟の時などに用いられた帽子である。このハンチング帽をかぶった男の幽霊は、複数の人に目撃されていた。さらに、現れ方に、ある特徴があるという。

「誰だ？　と思うと、もういない。ハンチング帽の男がいたところに行くと、真冬のような冷気を感じるんだ」

城を管理するスタッフとして働いていた女性も、同じ経験をしていた。

「首に息を吹きかけられて、振り向いたら、誰もいなかったの」

男の幽霊と、謎の冷気。さらにこの女性は、他にも、忘れられない出来事があったと話してくれた。

「イベントの準備をしている時だったわ。お皿が急にブルブル震えて、砕け散ったの！」

「外は全く静かなのに、奇妙な音がし始めるのです」

不可思議な音を聞いたという男性は、どんな音だったかを我々に伝えようと、手近にあった椅子を床の上で引きずった。ガガガッ……、金属の椅子の脚と、床の石がこすれる大きな音。

「違う、こんな音じゃない。金属的な感じなのですが、地面ではなく、空気中を漂ってきたのです」

皆、至って大真面目《おおまじめ》だ。心霊現象を体験した時の状況をできるだけ正確に伝えようと、言葉を尽くしてくれる。証言者たちの話を聞き終わったところで、撮影していた富永カメラマンに、印象を聞いてみる。

「うそをついているようには感じませんでした。まあ、何かを見たのかもしれませんね。幽霊と思うような何かを」

――どこまでもクールなサムライだ。

実は、マーガム城の幽霊騒動は、最近始まったことではない。第2次世界大戦のさなかにも、不可思議な現象が報告されている。マーガム城は、当時のアイゼンハワー連合軍最高司令官も訪れた、兵士たちの宿営所だった。1943年、城に滞在した兵士が、興味深い手記（『No Hero, I!』Alan Wilson 著）を残している。


寝る準備をしている時のことだった。ろうそくが、突然消えた。誰かが叫んだ。

「何だ、あれは⁉」

突然、不気味な光が現れた。そのオレンジの光は、皆が見守る中、部屋を横断し、消えた。

「幽霊だ‼」

我々は、すぐに荷物をまとめて、逃げ出した。

屈強な兵士たちを恐怖のどん底にたたき込んだという、不気味なオレンジの光。もしかすると、今も無人の城内に現れるのかもしれない。どのような光なのか。何とか、撮影できないか――。

しかし、そこには大きな困難が予想された。

SPRをはじめ、これまで多くの研究者が、心霊現象を映像で捉《とら》えようという試みを真剣に繰り返してきた。しかし、そのほとんどが失敗に終わっている。例えば、BBC（イギリス放送協会）の「ゴーストカム」と呼ばれた計画があった。イギリスの心霊スポットにカメラを仕掛けてその映像をインターネットで公開し、24時間、誰もが監視できる環境を整えた。心霊現象が起きれば、それに気づいた人が報告するという、世界を巻き込んだ大規模な実験だった。

プロジェクトは5年続いたそうだが、心霊現象は確認されなかった。心霊現象を記録する試みは「いるかいないか分からない新種の生物を探して撮影する」挑戦に似ていると言われる。ツチノコや雪男の撮影に取り組むようなものだ。心霊現象は写真や映像には写らないと断言する研究者もいる。

しかし、挑戦してみないことには始まらない。常識を超えた現象に挑むからには、諦《あきら》めない気持ちと根気が必要なんだろう。取材班でそう話しながら、先人にならって、不気味なオレンジの光が現れたと思われる場所にカメラを設置した。あとは、運を天に任せる――。

マーガム城で起こるという心霊現象は、目撃者の証言や記録を整理すると、三つに分類することができそうだった。

①冷気とともに現れるという、ハンチング帽の男の幽霊
②物が動く、金属的な音がする、などの物理現象
③不気味なオレンジの光

これ以外にも多くの幽霊譚《たん》が城に伝わっていたが、取材班はその中から、実際に目撃、あるいは体験したという証言を得られたものに絞り込んだ。また、不気味な光を除くほとんどの心霊現象が、ホールの大階段周辺で起こっていたという大きな特徴があることが分かった。

マーガム城で、心霊現象の目撃者たちに話を聞いた日の夜、ちょっとした異変が起きた。第2次世界大戦のさなか、不気味な光を見たという兵士の手記の内容を再現ドラマにして撮影している時だった。

兵士の役は、地元ウェールズで、戦争当時の兵士について研究し、再現するグループにお願いしていた。素人《しろうと》の趣味と侮《あなど》るなかれ。軍服や武器だけでなく、毛布や鍋《なべ》、ランプ、蓄音器、さらには、どこかの兵士が胸に潜ませていた恋人の写真まで、実物を収集し、徹底的に再現するのだ。撮影は、マーガム城の一室で行われた。不気味な光が現れたとされる、まさにその場所である。むき出しの天井の柱と、ゆがんだ窓枠。板張りの床には足跡が残るほどほこりが積もり、ギシギシと不穏な音を立てる。

異変が起きたのは、兵士の扮装《ふんそう》をした出演者たちに入ってもらい、撮影を始めた時だった。扮装をした一人が「あっ！」と驚きの声を上げた。「時計が止まった！」と叫ぶ。懐中時計が、突然動かなくなったと言うのだ。第2次世界大戦当時のものだが、きちんと手入れしてあって、今までちゃんと動いていた、故障したことはないと言う。他の出演者も、これはおかしい、今までこんなことはなかったと騒ぎ始めた。ひとしきり、ああだこうだと自説を披露し合ったが、結局、原因は分からないまま、撮影を進めることになった。

きっと、単なる偶然なのだろう。しかしここは「最も幽霊に憑かれた城」と言われるマーガム城。その中でも、心霊現象が起きたという部屋なのだ。時計の針が止まったのも、不可思議な現象と関係があるのだろうか。いや、そんなことを考え始めた時点で、自分は冷静さを失っているのか。さまざまな思いが、頭をかすめる。

ともかく、この城では、何かが起きそうだ……。強引に考えをまとめながら撮影を終えた時には、午前0時近くになっていた。

心霊調査のプロフェッショナル

朝起きると、猛烈に腹が減っていた。昨晩、サンドイッチとバナナ、水という簡単な夜食を準備してマーガム城に持っていったのだが、再現ドラマの撮影で来てもらった出演者たちには十分な量でなかったらしく、我々取材班の分も食べてもらったのを思い出した。夜中の町にはコンビニエンスストアもなく真っ暗で、食料の調達を断念。くたびれていたこともあって、すぐにベッドに潜り込んだのだった。

あくびをかみ殺しながら階段を下り、朝食をとる。コーヒーを飲んで人心地つき、部屋に戻ろうとすると、ロビーに異様な集団がいることに気がついた。まず、やけに体格のいい中年の男が4人。一人は頭をそり上げ、他の者も短く髪を刈り込み、盛り上がった筋肉にTシャツやジーンズがピタッと張り付いている。この4人の他にさらに男が一人。こちらは甘いマスクの優男で、他の面々に比べると若く見える。一人だけいる女性は大柄で、随分落ち着いた雰囲気だ。

そして皆、無表情に、紅茶を飲んでいる。男が一人、ちらっとこちらを見た気がした。こんな地方都市に東洋人が珍しいのだろうか、とにかく関わってもろくなことがなさそうだと感じ、足早にロビーを通り抜け、自分の部屋に戻った。

この日、SPRの科学者たちがマーガム城の調査を始めることになっていた。緯度が高いイギリスの夏は、夜8時を過ぎてようやく日が落ちる。日本だと真っ暗になる時間でも、イギリスでは昼間のように明るいのだ。そこで、科学者たちと取材班は、昼過ぎにホテルで合流して打ち合わせを行い、夕方過ぎからマーガム城へ向かう予定になっていた。

約束の時間が近づき、ロビーに下りていく。すると、先ほど見かけた異様な集団が、まだたむろしていた。しかも、人数が増えている。やれやれだぜ、と思いながらよく見ると、髪を後ろに束ねた富永カメラマンの後頭部が見えた。さらに、何やら話し込む上出コーディネーターと、中山サウンドマンの姿も見える。どうやらこの集団が、世界に名の知れた心霊調査チームだったようだ。

後に、富永カメラマンがこの時のことを振り返って話している。

「階段を下りていったら、異様な風体の人たちがいたでしょう。嫌な予感がしたんですよ。まさかこの人たちじゃないだろうな、って。そうしたら、大当たり。想像していた科学者のイメージと随分違いましたね」

マーガム城の調査に集まったのは、SPRの科学者たち6名。頭をそり上げた男が、リーダーのスティーブ・パーソンズ。これまで500か所以上の心霊調査を行い、「世界を代表するゴーストハンター」の名を馳《は》せる、我々がコンタクトした科学者である。物理学を専門に、多くの心霊現象を解明してきた実績があり、マーガム城の調査を終えると、次はアメリカへ調査に出かける予定になっていた。

年若い男性は、ノーサンプトン大学で超心理学を教える講師のキャル・クーパー。「超心理学」とは、心霊現象や超能力など自然の法則を超えた超常現象を研究する学問である。ノーサンプトン大学はヨーロッパを代表する超心理学の研究拠点であり、キャルは、超常現象を専門に研究する心理学者だ。

その他のメンバーも、心霊調査の経験が豊富な精鋭がそろったとリーダーのスティーブが言う。くつろいだ雰囲気から、チームとして息の合った様子が伝わってきた。

「番組ディレクターの梅原です。お会いするのを楽しみにしていました」

差し出した手を、スティーブが握る。がっしりとした手だ。科学者というより、実直に力仕事を繰り返してきた人間の手に感じる。

「どういう撮影スタイルを望んでいますか」

腰を下ろしながら、スティーブが無表情に問いかけてきた。上出さんに通訳してもらいながら、答える。

「僕らは、純粋な科学調査に密着したいと望んでいます。撮影のために、本来行っている調査を曲げてもらう必要はありません。その代わり、どのような調査を行う計画か、できる限り詳細に教えてください」

一瞬の間を置いて、スティーブがにやりと笑った。

「ＯＫだ。我々が望むことはただ一つ。休憩のティータイムだけは確保させてくれ」

スティーブは、撮影に全面的に協力することを約束してくれた。我々の取材意図が通じたようだった。スティーブたちのもとには、これまで数多くの取材の依頼があり、科学調査とは程遠い不本意な紹介をされたこともあるらしい。幽霊を退治するゴーストハンターと呼ばれることも、本当は望んでいないのだという。

他のメンバーとも話してみると、皆気さくで、穏やかな人柄だった。共通して主張するのは、心霊研究を進めるためには、客観性の高い科学データを地道に積み上げなければいけない、ということ。不可思議な現象を頭ごなしに否定し、研究する価値はないと断言する科学者も多い。そのため、心霊研究というものは、一般的な科学研究よりもよほど慎重に、懐疑的に行う必要があるという。

話の端々から、メンバーたちの真剣な研究姿勢が伝わってきた。それが確認できて安心すると同時に、常識では説明できない現象に挑む厳しさを、改めて心に刻んだ。

プロフェッショナルは幽霊城で紅茶を飲む

夜8時。ようやく日の光が傾き、空の端がほんのりオレンジ色に染まり始めている。マーガム城に、徐々に夜が忍び寄る。城の管理者から特別な許可を得て、科学調査は、明け方まで徹底的に行うことができることになっていた。

到着してまず、SPRのメンバーたち6人全員で城の下見を行う。事前の情報収集により、ホールの大階段付近で心霊現象が多発していることは分かっている。リーダーのスティーブは、心霊現象が起きる場所が特定されているマーガム城の場合、有効な調査法は〝張り込み〟だと考えていた。大階段に調査員を定点配置し、不可思議な現象が起きるのをひたすら待つ作戦である。調査範囲を広げてデータが散漫になるよりも、特定の場所を集中的に調査するほうが有効だと考えたのだ。

調査員を配置する形にも、工夫が凝らされた。今回、スティーブが選択したのは、「三角フォーメーション」と呼ばれるスタイル。心霊現象が多発するという大階段、さらにその中でも最も報告が多い2階部分に、メンバー3人を配置。3人は、一辺が数メートルの三角形の布陣をとる。不可思議な現象が起きた時に、複数の調査員がさまざまな角度から観測できる安定したポジションだ。

残る調査員は3人。そのうち、リーダーのスティーブと紅一点のアン・ウィンスパーは、玄関先に机やパソコンを並べて司令部としての機能を担う。各メンバーから上がる報告をチェックし、臨機応変に調査の方針を決定する役割だ。超心理学者のキャルは遊軍として調査に当たる。司令部や調査ポイントを自由に動き、独自の視点から調査を行う。

調査スタイルが決まると、メンバーは、大きなジュラルミンのスーツケースを次々に運び込んだ。蓋《ふた》を開けると、見たことがないような科学機器がキラキラと輝く。メカニック担当のジェームス・タキが、最先端の機械だ、と胸を張る。

ＳＰＲが設立されてから１３０年以上がたった現在、飛躍的に進歩したのが調査に用いる科学機器だ。不可思議な現象が起きた時、人間の目と耳では分からない詳細なデータを計測することができるようになった。温度や湿度に始まり、熱源反応、電磁場などの環境変化、人間の耳には聞こえない超低周波音……。心霊研究を行ったノーベル賞科学者のシャルル・リシェやキュリー夫人が聞けば、きっと驚くような方法だろう。当時では考えられなかったようなさまざまな角度から、心霊現象の正体を、客観的に分析することが可能になったのだ。

今回、マーガム城に持ち込まれた科学機器は以下のとおり。

温度計、気温データのログを取る機械、ルクス計（照度計）、電磁場メーター、検電器、磁場メーター、イオンメーター、気圧計、熱線風速計、風向風速計、サーマルカメラ、2D／3Dカメラ、ビデオカメラ（赤外線）、ボイスレコーダー、音声レコーダー（人の耳では聞こえない周波数対応）、音響スペクトラル分析器、低周波音収録機、動作検出機

計18種類である。

その一つ一つに、最新の機能が詰め込まれている。例えば温度計。手をかざしただけで、その微細な温度変化に反応し記録する高性能のものだ。これでわずかな風の動きも感知することができる。機器をセッティングしながら、ジェームスが説明してく

れた。これらの機器が最大の威力を発揮するのは、調査員が何らかの異変を感じた時だという。例えば闇《やみ》の中で、幽霊のような白い影が目撃されたとする。気温データを記録する機械では、湿度や露点温度も測定されている。そこから、空気中の水分が霧となって現れるタイミングが分かる。それが、白い影が目撃された時点と一致すれば、白い影の正体は霧という可能性が高い……、という具合に、心霊現象の正体について考えうるいくつもの可能性にアプローチしていくのだ。

調査の準備を進めるメンバーの、てきぱきと無駄のない動きを眺めていて、この調査に体格のいい男たちがそろった理由も分かってきた。調査は、重い機材を運び込んでセッティングすることから始まる。古い城には当然、エスカレーターもエレベーターもなく、全《すべ》て人が運ぶ。その後、調査そのものが、夜を徹して行われる。つまり、心霊調査とは、体力勝負なのだ。

そこで、はたと気がついた。心霊調査に密着する取材班も、重いカメラや音声機材を携えて、徹夜で動き回ることになる。

「長い夜になりそうだ……」

気持ちを引き締め直した時、リーダーのスティーブから全員に、無線で集合がかかった。城の入り口付近を選んだ司令部の準備も、あらかた整っていた。大きな特徴は、いくつも並んだパソコンと連絡用無線機材の隣に、幽霊城には不似合いなティーセットが準備万端セットされていること。紅茶のポットに、クッキーやパンが用意され、マグカップからは温かそうな湯気が立っている。さすがは、英国スタイル。どのような状況になっても、たとえ幽霊城で調査員が一人消え、二人消えという怪奇小説のような事態になったとしても、ここに来て紅茶の香りを嗅《か》ぐだけで落ち着きを取り戻せるのではないだろうか。

スティーブがメンバーを前に、注意事項を確認する。

「何か緊急事態があった場合、すぐに退避する必要がある。その場合、城の外を集合場所とする。緊急時には、笛を3回吹くから、その音を耳にしたらあらゆる作業を中断して、ただちに集合場所に退避するんだ」

メンバーが一斉にうなずく。

「それから、休憩のティータイムを忘れないように」

皆、笑ってうなずく。

「さあ、調査を始めよう！」

スティーブが、パシンと一つ、手をたたいた。

立て続けの〝異変〟

夜11時。マーガム城は内も外も、漆黒の闇に包まれている。調査メンバーが、小さなペンライトを片手に、それぞれの持ち場へ向かう。取材班も、調査の妨げにならないよう、赤外線のナイトショット機能を搭載したカメラで後を追う。

昼間でも薄暗く不気味な雰囲気のマーガム城。この「最も幽霊に憑かれた城」は、夜ともなると、その呼び名にふさわしい重い空気が立ちこめる。心霊現象に懐疑的な僕ですら、扉の隙間や柱の陰から何かにじっとのぞかれているような心持ちになる。

3人の調査員が、心霊現象が多発する大階段の周辺で、それぞれの持ち場についた。闇の中で、変化が起こるのをひたすら待つ。少しでも異変を感じたり、違和感を覚えたりすれば、手元の紙に全て記録する。

3人はつかず離れず距離をとって、スティーブが指示したとおり、三角フォーメーションの位置に座った。そのうちの一人の脇についてみると、他の調査員の様子が目の端に入る。これについてスティーブが「実は……」とこっそり教えてくれた。三角フォーメーションには、さまざまな角度から複眼的に心霊現象を調査するという目的の他に、もう一つ、大きな目的がある。〝眠気〟対策だ。夜を徹する調査のため、眠気を感じたら、お互いに声をかけ合うことが大切なのだと言う。隅々に行き届いたスティーブの配慮。しかし、マーガム城に関して、居眠りの心配は取り越し苦労だった。

〝その時〟は、すぐに訪れた。

〝異変〟が起きたのだ。

司令部に、調査員から定期的に届けられる報告書。それをチェックしていたアンの表情に緊張が走った。すぐにスティーブに報告する。

「階段の下のほうから、笛のような奇妙な音が聞こえたみたい」

「3か所全てで聞こえたのか？」

「そうよ」

「……頭を整理する必要があるぞ」

ところが、整理する間もなく、立て続けの〝異変〟がメンバーを襲った。

調査メンバーのバリー・ゲイトがどことなく怯えた表情で、司令部に現れた。突然の冷気に襲われたと報告する。11時10分、11時34分、11時52分の3回、首から背筋にかけて感じたという。バリーだけではなかった。複数のメンバーが、午前0時から0時20分にかけて、寒気や嫌な冷たさを感じたと報告した。

幽霊を目撃したという証言者の話を思い起こす。〝ハンチング帽をかぶった男の幽霊〟は、冷気とともに現れるのではなかったか。調査員たちが張り込みを行っていたのは、まさに、男の幽霊が目撃された場所だった。

大階段の周辺には、メカニック担当のジェームスによって、高性能の温度計が何か所にも設置されている。わずかな温度変化でも感知し、風の動きも計測できる。温度計が回収され、パソコンに接続された。調査メンバーが一斉にモニターをのぞき込む。どのくらいの温度変化か。風の動きはあったのか……。

モニターに結果が映し出された。室内の温度を示すグラフは、冷気を感じた時間帯では変化していなかった。風の動きもなかった。ジェームスがつぶやいた。

「冷気を感じたのが本当なら、この画面に変化が表れるはずだ」

人間が感じても、機械が反応しない、謎《なぞ》の冷気。

そんなものが実在するのか。この世のものではない冷気？

モニターを横からのぞき込み、我ながら説得力に欠ける想像が、頭の中をぐるぐると巡る。だが、異変は、それだけでは終わらなかった。深夜3時になろうというころ、第2次世界大戦中に不気味なオレンジの光が目撃されたという部屋で、その異変は報告された。

スティーブとジェームスが、電磁場メーターでの環境計測を試みた時だった。電場や磁場の反応から、電磁波の測定ができる。取材班の眼前で、電磁場メーターをセッティングした途端、メーターが明らかな反応を見せた。その数値に、二人の表情が強張《こわば》った。スティーブがまるで唸《うな》るかのように、口を開いた。

「異常な数値だ……。まるでレーザー光線みたいだ」

緊迫した空気が張り詰める。ジェームスがモニターから目を離さない。

「かなりの電気を帯びています。こんな高いボルト数は見たことがない」

「この部屋に何かあるのか」

「そんな機器はないはずです」

メーターは、最大8・3V／m（ボルト・パー・メートル）を記録。通常、電磁波は、電気配線や電気機器から発生している。電気が通っ

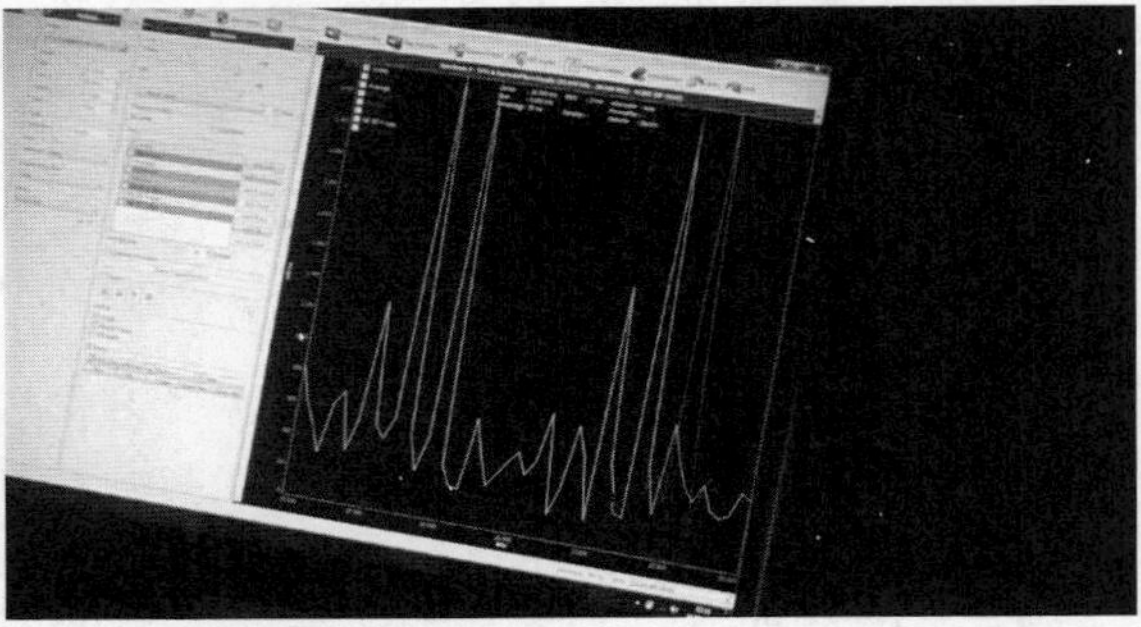

最大8.3V/mを示した計測器。

ていないこの部屋では、考えられないレベルだと二人は言う。急いで、隣接する周りの部屋も計測する。メーターを確認するジェームスとスティーブが、今度は困惑の表情になった。ジェームスが取材班に告げる。

「計測値は下がっています」

他の部屋に、異常はなかった。この日、1部屋だけで起きた電磁波の異常。ここで目撃されたという〝不気味なオレンジの光〟と何か関係があるのだろうか。

やはり、長い夜になった。午前4時半。東の空が明るみ始めたころ、スティーブが調査の終了を告げた。一晩で、何杯お茶を飲んだのだろう。マグカップを持ったスティーブの表情には疲れが感じられるものの、充実感が漂っていた。マーガム城の不可思議な現象に迫ることのできる貴重なデータを入手したのだ。他のメンバーも、徹夜明け独特の、倦怠感《けんたいかん》と満足感の入り交じった複雑な表情で機材を撤収している。スティーブが、空を見上げてつぶやいた。

「また、長い一夜を戦い抜いたな。鳥たちも家路についている。バイバイ、鳥たちよ」

機材の撤収を終えた調査メンバーたちが、ぞろぞろと城から出てきた。ホテルに戻ろうとする一人一人に、おやすみを言って別れを告げた。

取材班は、明け方のマーガム城と周辺の景色を撮影するため、現場に残った。

朝5時を回って、白く透明な光が、辺りに満ち始める。淡い霧が立ちこめて、緑の芝生が白い膜で覆《おお》われる。木々の呼吸に包まれるような、しっとりとした空気。その中を、富永カメラマンと中山サウンドマンが歩いていく。幻想的な光景を前に、一瞬、自分がどこにいるのか分からなくなって立ち止まる。ふと思った——。

マーガム城で得たデータは、これから、世界の名だたる研究者たちのもとに運ばれて、最先端の科学で分析される。現代の科学は、この幽玄な世界で起こる不可思議な現象を、どこまで解明できるのだろうか。魂や死後の世界の謎に、人類はどこまで踏み込んでいけるのだろうか……。

明け方の太陽が、急速に光を増す。芝生の向こうでは、撮影ポジションが決まったようだ。富永カメラマンが、ファインダーをのぞき込もうとしている。中山サウンドマンが、風向きや光の角度に神経をとがらせている。我に返って慌《あわ》てて歩き出した時、足にはねた芝生の朝露が、ひんやりと心地よかった。

第一部
さまよえる魂の行方
〜心霊現象〜

episode 2

「幽霊」を追い詰める科学者たち

ネズミの〝背筋が凍る〟実験

大阪・伊丹空港の到着ゲートを出た時、西城秀樹の『YOUNG MAN（Y.M.C.A.）』の踊りを練習している幼い兄妹を見た。なぜかは分からないが、ものすごく真剣だ。

「ちゃうやん、MからCはもっと早く動かなあかん！」

幼稚園児くらいの兄が、妹を叱咤《しった》激励する。

「あかん！　Aはこう、勢《つ》いや！」

ぴゅっと両手で天を衝く兄。それをまねた妹が、よたよたと小さな手を頭上にかざす。何とか、Aの形。かわいい〝通天閣〟ができた。しかし、今ここで、なぜこの踊りなのか。

僕は、大阪で生まれ育った。大阪では、何と言おうか、独創的で面白いものに出くわすことが多い。周りをあまり気にせず、やりたいことを自由にやるという感じだ。今回、取材班が大阪まで会いにやってきた科学者も、あるユニークな研究で世界から高い評価を受けていた。

マーガム城の科学調査に同行した我々取材班は、不可思議な現象の謎《なぞ》に迫ることができるかもしれない、貴重なデータを入手していた。そのポイントは次の二つ。

①「謎の冷気」
●特徴　温度変化や風は確認されず、原因は分からない
●場所　ハンチング帽の男の幽霊が目撃されたという大階段

②「異常な電磁波」
●特徴　発生源が分からない
●場所　不気味なオレンジの光が目撃されたという部屋

このデータから、科学者たちは何を読み解くのか。

幽霊の正体を解明するため、世界中の研究機関に解析が依頼されたその一つが、日

本の大阪バイオサイエンス研究所（2015年3月解散）である。生物科学に関する五つの研究部門が存在する。そのうちの一つ、神経機能学部門の研究室には不可思議な1枚の写真がかかっている。

ネコにネズミが寄り添う写真——。

まるでアメリカのアニメ『トムとジェリー』が現実となったかのような写真である。なぜ、ネズミはネコを怖がらないのか。常識では考えられない光景にも、ちゃんと理由はある。1枚の写真の陰には、最先端の科学が隠されていた。

研究室長の小早川令子博士は、ほ乳類の行動と、脳や遺伝子との関係を研究している。実は、ネコを怖がらないネズミは、遺伝子を操作された特別なネズミだった。天敵の〝におい〟を伝える神経回路を遮断されていたのだ。この研究により、ネズミ（ほ乳類）が天敵のにおいを怖がるのは、生まれてから学んだ結果ではなく、先天的な本能である可能性が示された。これは、夫の小早川高博士らとの共同研究として、世界的に権威のある科学雑誌『ネイチャー』で紹介され、大きな反響を呼んだ。

小早川令子博士のもとに持ち込まれたマーガム城の調査データは、〝謎の冷気〟のデータだった。複数の調査員が、首から背筋にかけて感じたという冷気。しかし、気温の変化や風の動きなど、原因として考えられる環境の変化は観測されなかった。取材班にはわけの分からない、謎の現象。一体これをどう説明するのか。ところが博士は、マーガム城の気温のグラフを確認して、ほほ笑んだ。

「十分にありうることだと思います」

どうやら、謎の冷気を解く鍵《かぎ》に、心当たりがあるようだった。

手がかりは、ネズミを使った最新の実験にあった。取材のため特別に、貴重な研究成果を提供してくれるという。案内された実験室には、女性用の脱毛クリームが並んでいた。実験に使うネズミを見て合点がいった。背中の毛が、脱毛されている。サーモグラフィーで体温を測るための措置だと言う。

実験が始まった――。まず、ネズミの体温をサーモグラフィーで測定する。ケースに入れられ、元気に動き回る1匹のネズミ。通常であれば、ネズミの体温は37度前後。サーモグラフィーの画面には、オレンジ色で表示された。そこに、ある薬品を染《し》み込ませたシートを入れる。すると、元気に活動していたネズミが、突然動かなくなった。この時、体温にも驚くべき変化が表れた。オレンジで表示されていたネズミの色が、黄緑になっている。体温は34度。みるみる3度も下がったのだ。

より詳細に体温の変化を解析した画面では、さらに興味深い結果を確認できた。ネズミの体温の下がり方に、大きな特徴があったのだ。特に、背中の部分の体温が下がっているのが一目瞭然《りょうぜん》だった。モニターを見ながら、小早川博士が説明する。

「ネズミの背中の真ん中、ちょうど背骨の上の辺りです。体温が特に冷えてきて、物理的に〝背筋が凍る〟という状態ですね」

なぜ〝背筋が凍る〟ような特異な変化が起きたのか。その秘密は、ケースに入れたシートにあった。染み込ませていた薬品は、ネズミが恐怖を感じる特別なもの。ヘビなどの天敵に由来するにおいだった。恐怖を感じるとネズミの体温は首から背筋にかけて大きく下がることが、初めて実証されたのだ。では、なぜ、このようなことが起こるのか。

小早川博士はネズミの天敵の一つ、捕食動物であるヘビは、熱に反応して獲物を襲うと言う。

「ネズミの場合、体表面の温度を下げることによって、ヘビから見つかりにくくなります。ですから、恐怖を感じた時に体温低下が起きるということは、危険から身を守るための生存本能として、非常に重要なのではないかと思います」

博士は、恐怖を感じて体温低下が起きる現象は、遺伝的に備わった生存本能で、人間にも受け継がれていることが想像できると説明する。つまり、謎の冷気の正体は、恐怖から身を守るために体温を下げる〝生存本能〟ではないかと推測したのだ。マーガム城の深夜の調査を思い返してみる。SPRのメンバーたちが張り込みを続けていたのは、何度も幽霊が目撃されたという暗闇《くらやみ》の中だった。ふとした気配やわずかな違和感にも、敏感になっていたと考えられる。

「脳が知らず知らず恐怖を感じていて、それが体に信号を送って温度を下げていた。そのため寒く感じたという可能性は、十分にあると思います」

〝背筋が凍る〟ネズミの恐怖実験。小早川博士の独創的な研究が、マーガム城の不可思議な現象の解明に、興味深い可能性を示した。マーガム城の冷気は、恐怖から身を守るという、人間の生存本能が引き起こしていた可能性が高いことが分かったのだ。

さらに、この生存本能が、別の心霊現象も引き起こしている可能性があった。冷気と一緒に現れるという、あの男の幽霊だ。マーガム城の目撃証言を振り返る。

証言①「男が立っていたわ。なぜか昔風の格好をしていて、ハンチング帽をかぶっていたの……」

証言②「誰だ？　と思うと、もういない。ハンチング帽の男がいたところに行くと、真冬のような冷気を感じるんだ」

証言③「首に息を吹きかけられて、振り向いたら、誰もいなかったの」

ハンチング帽の男の幽霊は、冷気とともに現れ、気づいた時には消えている。それはなぜか。

３００万円のグリル・チーズ・サンドイッチ

イギリス・ロンドン大学の心理学者、クリス・フレンチ博士の研究室は、部屋中に書籍が散乱し、多忙な日々がうかがい知れた。書籍の多くは、心霊現象や超能力に関連するもの。オカルトにしか見えない市販の読み物から専門家による難解な調査報告までそろっている。

フレンチ博士は、超常現象に懐疑的な研究者として、欧米ではよく知られた存在だ。不可思議な現象は現代の科学で十分説明できると主張している。ＳＰＲの会員でもある。博士が指摘するのが、幽霊と生存本能との関係だ。マーガム城の男の幽霊について話を聞いた博士は、にっこり笑ってパソコンに向かい、１枚の写真をデータから引っ張り出した。少々焼き過ぎて、焦《こ》げが目立つトーストの写真。左下には、一口かじった跡がある。焦げた模様をよく見ると、ある特徴が表れていた。

「これは、グリル・チーズ・サンドイッチです。少し離れて見ると、焦げ模様が聖母マリア像のように見えます。２万８０００ドル（およそ３００万円）の値で売れました。人間は何にでも超常現象を見いだすといういい例です」

人間は、何でもない模様が、人の顔などに見えてしまうという特殊な性質を備えている。「パレイドリア効果」と呼ばれるものだ。床や天井の木目、郵便ポスト、コンセントなど身の回りの物が、ふっと人の顔に見えた経験を思い出す。

「パレイドリア効果とは、意味のないランダムな模様の中に、顔などの形があると思わせてしまう、一種の脳の錯覚です。これは、人類が進化の中で獲得した能力です。人間にとって顔の表情は、非常に重要な情報です。周りには常に敵がいる可能性があります。そのため、人の顔をいち早く捉《とら》えて敵か味方か認識し、迫りくる危険に備える必要があったのです」

人の顔をいち早く察知することで、危機を回避しようとする人間の生存本能。果たして、人間にとって顔はどのくらい重要な情報なのか。どれほど無意識に顔に反応してしまうか。この生存本能を裏付ける脳の認知実験がある。スイス・ジュネーブ大学病院を取材した。

被験者に、特殊な模様が描かれた画像を次々に見せ、脳の反応速度を調べる。実は、模様の中にはいろいろなものが隠されている。例えば「CHIEN」という〝文字〟。ギターなどの〝物〟。隠されているのが文字や物の場合、脳が反応するまでにかかった時間は、200ミリ秒（0・2秒）だった。

しかし、隠されているものが人の〝顔〟だった場合、脳の反応速度は全く異なった。顔が隠されていた場合に脳が反応するのにかかった時間は100ミリ秒(0・1秒)。つまり、文字や物が隠されている時に比べて、2倍の速さで脳は顔に反応したのだ。人間の脳には、人の顔にいち早く飛びつく性質が備わっていることが明確に確認された。実験を行ったアラン・ペーニャ博士は言う。

「脳は、受動的なものではありません。常に重要な情報を探し出し、肝心なものを拾っているのです。特に重要なのが顔です。自分にとって大切な人物を判別できるし、相手の意思を読み取ることもできます。おそらく人間は、数千年かけてこのスキルを磨いてきたのでしょう」

人間の脳は、無意識に周囲から顔の情報を拾おうとする。積極的に顔を探しているのだ。そこに〝人間の顔に見えるような〟模様があったらどうなるか。パレイドリア効果により、人の顔と錯覚することは十分に考えられる。これこそが幽霊の正体ではないかとフレンチ博士は考えていた。

ハンチング帽の男の幽霊

マーガム城の調査メンバー、超心理学者のキャル・クーパーも、パレイドリア効果の可能性を支持した。科学調査の時、男の幽霊が頻繁に目撃されたという大階段の周辺を念入りに調べて、階段脇《わき》の壁にあるものを見つけた。キャルに呼ばれて取材班が駆けつけると、壁のちょうど目の高さのところにシミが浮き出ていた。

「これ、顔の半分に見えるんじゃない？　ほら、目があって、鼻、口。不気味な印象に見えますよね」

確かにシミは、人の横顔に見えた。パレイドリア効果のせいか、一度顔と認識してしまうと、もう顔以外には見えてこない。古ぼけた壁からぼうっと抜け出してきそうに見える。

建設から200年近い時を経たマーガム城には、大階段の周辺をはじめ、至るところに数多くのシミや凹凸があり、それぞれがまるで人の顔のように浮かび上がる。キャルが説明する。

「無意識のうちに脳のスイッチが入るのでしょう。パレイドリア効果の影響で、レンガなどの形や影をちらっと見て、幽霊と見間違えてしまうのです」

幽霊を目撃したという証言の多くも、この説を裏付けているかのようだった。

証言①「その顔は浮かんで見えた。顔だけで、胴体はなかったよ」

証言②「男は、そこの壁に溶け込んでいったんだ。とても悲しげな表情に見えたよ」

マーガム城に現れたハンチング帽の男の幽霊は、冷気とともに現れ、気づいた時には消えていると証言者たちは口をそろえていた。調査結果をまとめてみる。

薄暗い城内で、ふと視界に入ったシミやくぼみを、パレイドリア効果が、人の顔に見せる。慌《あわ》てて目を凝らすと、もうその顔は消えている。見たと思った顔、つまり幽霊の正体はシミやくぼみで、実体はないからだ。そして幽霊を見たと思った目撃者は、きっと恐怖を感じたに違いない。それが、背筋の体温を下げ、冷気と錯覚させた――。

あくまで可能性の話である。幽霊の正体を完全に特定できたわけではない。

興味深いのは、マーガム城の幽霊は、人間の生存本能が見せたものかもしれないということだ。危険を察知し、恐怖の感情を引き起こし、危険から身を守る生存本能。幽霊の調査から、知られざる人間のメカニズムが見えてきたのだ。

それでも、男の幽霊に関しては、まだ解明されていない謎が残っていた。人々は「幽霊を目撃した」と言ったのではない。「ハンチング帽の男の幽霊を目撃した」と口をそろえた。どこからハンチング帽が出てきたのか。これに関しては、マーガム城調査のリーダー、スティーブが、あっさりと答えを出した。

「そいつはきっと、ロバート・スコットだよ」

マーガム城の調査は、2日にわたって行われた。1日目は夜から明け方にかけて、2日目は昼から夜にかけて、詳細な科学データが収集され無事に調査は終了した。3日目は、調査チームのメンバーが帰る日で、自由解散になっていた。ところがその日、スティーブと超心理学者のキャルが、取材班をロバート・スコットに会わせてやると言う。ともに向かったのは、マーガム城に隣接する小さな教会だった。のんびりとした田舎の景色によくなじみ、地元の人々に大切に守られてきたことが一目で分かるような教会だ。その横の墓地に、二人は入っていった。よく晴れて気持ちのいい天気だった。草むした墓地に、乾いた風がさざ波を立てる。

「1890年代の墓を探すんだ」

スティーブがキャルに話しかけている。マーガム城には、ある凄惨《せいさん》な事件の話が伝わっていた。城で働く男が侵入者に銃で撃たれて殺害された、という事件だ。スティーブとキャルは地元の人々に聞き込み、事件に関する詳細な情報を得ていた。

1898年に事件は起きた。マーガム城の猟場を守る役目を任されていたロバート・スコットという男が、見回りをしていて密猟者に遭遇した。密猟者は銃で何度もスコットを撃ち、無残に殺害したのだ。マーガム殺人事件——。めったに事件など起きないのどかな地方で、殺人事件は町を大きく揺るがした。哀れな犠牲者となったロバート・スコットは、今でも地元で語り継がれているという。

墓地をうろうろとしていたスティーブが、十字架の形をした墓の前でかがみ込んだ。土台にかかった草をはらい、声を上げる。

「スコットだ！　逝去《せいきょ》したのが、1898年6月9日。享年《きょうねん》39歳」

Robert Scott――。横からのぞき込んだ墓石には、確かにそう刻まれていた。

ウェールズ国立図書館に、事件当時の新聞が保管されている。およそ120年前の貴重な資料だ。事件を伝える記事は、紙面の大部分を占めていた。密猟者は死刑判決を下された。裁判所の周囲を幾重にも人が取り囲むイラスト。町中の関心を集めたことが伝わってくる。この新聞も、きっと飛ぶように売れて、多くの人が読んだのだろう。記事に目を走らせていて、思わず「あっ！」と声を上げた。ロバート・スコットのイラストが載っていた。スコットは、口ひげを生やしたいかめしい男だった。そして、頭には、ハンチング帽をかぶっていた――。

スコットの墓の前で、スティーブとキャルが、ハンチング帽の男の幽霊について結論を出そうとしていた。キャルが言う。

「パレイドリア効果を検討したとおり、誰かが視界の端に入ったものを見間違えたのでしょう。最初は、さっと通り過ぎた幽霊と思っただけだったはずです。それが、記憶を呼び起こす時に変わってしまった可能性があります」

スティーブが続ける。

「マーガム城で幽霊を目撃したと思った人々が、地元でよく知られた殺人事件と結びつけたであろうことは、容易に想像できます。ロバート・スコットは殺された。幸福な魂ではあるまい。だからマーガム城に幽霊となって出没するのだ、と思うわけです」

マーガム城にロバート・スコットの幽霊が現れる——。そのうわさが定着すると、今度は、同じ幽霊を見たと多くの人が証言するようになることも考えられるという。例えば、別の場所の幽霊伝説にこういうものがある。

イギリス・ロンドンのテムズ川に、ラトクリフ波止場という場所がある。1970年代にとある雑誌で、司祭の亡霊が出るという話が紹介された。ところが、実は、司祭の亡霊は雑誌編集者がでっちあげたうそだった。それから3年後、興味深い現象が起こった。BBCが司祭の幽霊を番組で紹介しようと目撃者を探したところ、次々に証言者が発見されたのだ。地元の住民や警察官が、口々に、司祭の幽霊を見たと話していた。本当はいるはずもない幽霊を、人々の思い込みが定着させたのだ。マーガム城でも、ロバート・スコットの事件から生まれた「ハンチング帽の男の幽霊」は、地元でよく知られた存在となっている。「最も幽霊に憑《つ》かれた城」と呼ばれるほど城を訪れて、幽霊を見たと思った人々は、すぐにハンチング帽の男に結びつけるだろう。そしてこれからも、目撃証言は増え続けるだろう。マーガム城に現れるというハンチング帽の男の幽霊。それは、人々が共同で生み育てて膨らんだ、実体のない影のようなものなのかもしれないのだ。

不気味なオレンジの光と物理学

マーガム城の調査では、もう一つ、不可思議な現象が報告されていた。第2次世界大戦のさなかに兵士たちが目撃したという不気味なオレンジの光である。今回の科学調査では、不気味な光が現れたという部屋で、異常な電磁波が計測された。不気味なオレンジの光と電磁波。この二つの間に、関係はあるのだろうか。

ある情報を得て、取材班は、ドイツのアウトバーンをひた走る車に揺られていた。気づかないうちに、少し眠っていたようだった。猛烈な雨の音で目が覚めた。車のワイパーが踊っている。ぼうっと眺めていると、山の中で天気が変わりやすいのか、じきに雨はやんだ。

目的地は、ドイツの南東部、オーストリアとの国境を見下ろす崖《がけ》の上にあった。国境を守る砦《とりで》としての役目を果たしていた古城、ノイブルク城。多くの兵士が命を落としたと伝えられる。ここまで訪ねてきたのには理由があった。この城にも、不気味なオレンジの光が現れると聞いたからだ。それだけではない。なんと、今でも度々目撃されているというのだ。

「ヤシの実くらいの大きさだったよ。ゆっくりと飛んで、そして消えた」

地元に暮らすフレデリック・モイネさんは、２０１０年の夏に目撃したという。その部屋で、光の動きを再現してくれた。窓付近で現れた光は、数メートル離れた反対側の壁に向かって部屋を横切り、壁に吸い込まれるように消えたという。飛んでいた時間は4～5秒。飛んでいた高さは床から１メートル60センチほど、大人の男性の肩くらいで、特別なにおいや音は全くしなかったと証言した。一緒にいた複数の人たちも目撃したという。

マーガム城で不気味な光を目撃した兵士たちは、もうこの世にいない。しかし、マーガム城と同じヨーロッパの古城であるノイブルク城で、不気味な光を実際に目撃したという人物は目の前に存在した。取材班はモイネさんに、ある場所に同行してもらうことをお願いした。

「球電」という現象がある。空中を浮遊する光の球で、古来、世界中で目撃報告がある。日本では火の玉とか人魂《ひとだま》、鬼火と呼ばれることが多いだろうか。どのような条件で発生し、何をエネルギーとして動くのか、はっきりとした正体は分からない謎の現象だ。その謎を解明しようと、これまで、多くの物理学者が挑んできた。その結果、マーガム城で計測された〝電磁波〟とも関係する、一つの有力な説が考えられていた。

取材班がモイネさんに同行してもらったのは、ドイツのマックス・プランク研究所である。これまで数多くのノーベル賞科学者を輩出してきたヨーロッパを代表する研究機関だ。物理学者のウルセル・ファンツ博士は球電現象の研究に取り組み、光の球を人為的に発生させる実験を行っている。研究室には、水を張った円形の水槽が用意されていた。中央には電極が設置され、４・８キロボルトの電圧をかけるよう設計されている。ここから、光の球が発生するという。取材班は、実際に光の球を目撃したというモイネさんに、科学的に発生させた光の球を見てもらおうと考えていた。城で目撃した光の球と、同じものに見えるかどうか。光の球を目撃した人に会えることはめったにないというファンツ博士も、強い関心を示していた。

モイネさんと取材班は、安全のため、ガラスで隔てられた場所に移動した。責任重大のモイネさん。目を皿のようにして実験装置に集中する。

いよいよ、光の球を発生させる。ファンツ博士の助手がカウントダウンを始めた。

「3、2、1」

バシュンッ！　実験装置が作動する大きな音が研究室に響いた刹那《せつな》。空気中に輝く光の球が現れた。

〝プラズマ〟である。実験では、水が電気の強いエネルギーで熱せられた。水は蒸気となり、さらに、原子から電子が離れて、プラズマと呼ばれる状態となる。この時に、光が放出されるのだ。

水面から現れたオレンジの光の球は、上方へ昇り、音もなく消えた。エネルギーの塊が放つ一瞬のきらめき。人工的なその美しさに驚き、見とれてしまった。ハッと取材の目的を思い出してモイネさんを見ると、ゆっくりと何度もうなずいている。ファンツ博士が声をかける。

「目撃したものと似ていますか」

「正直言って、驚くほど似ています。色も大きさも、よく似ています」

どうやら、モイネさんが目撃した光の球は、プラズマとそっくりだったようだ。ファンツ博士によると、オレンジだったプラズマの色は、水に含まれる塩分濃度で変化するという。実験で使用したのは水道水。どこにでもある普通の水だった。また、実験で発生させたプラズマは、障害物を通り抜けることができないという性質があった。

モイネさんが目撃したという光の球も、壁に吸い込まれるように消えたという。障害物を通り抜けられなかった、という性質も一致する。自然界でも、例えば雷雨などの条件がそろえば、同じプラズマが発生することは、十分に可能ということだった。

ただし、決定的な違いがあった。それを、ファンツ博士自身が口にした。

「私たちのプラズマが現れているのは0・5秒です」

そう、発生時間が短いのだ。モイネさんが目撃したプラズマは4～5秒。世界には、もっと長い目撃証言もあるらしい。強い電流を流すことのできるファンツ博士の実験室でも、プラズマが光を保っているのはわずか0・5秒。遠く及ばない。

「私たちプラズマ物理学者にとって関心があるのは、自然界で目撃された光の球がなぜそんなに光っていられるのか、エネルギーはどこから来ているのか、ということです。まだ解明されていない、複雑なプラズマ発生のプロセスがあるはずなのです」

光の球を研究する科学者たちは、その未知なる性質に惹《ひ》かれ、物理学の新たな可能性を探ってきた。その有力な説とされるプラズマの場合、研究を積み重ねることで、新たなエネルギーの解明に結びつく可能性もあるのだ。しかし、目撃された光の球が、魂や鬼火など心霊現象という可能性は全くないのだろうか。ファンツ博士の考えは明快だった。

「知らないものを異質と思うのはとても自然なことだし、何とか自分が見たものを表現しようとするものでしょう。しかし、私は科学者です。不可思議な現象を目撃したとしても、幽霊や超常現象と結びつけず、科学的な解釈を追究すべきだと思います。その理念に基づいて、行動しています」

不気味な光の新説

マーガム城の不気味なオレンジの光と、異常な電磁波。ドイツの目撃証言を手がかりにひもといたプラズマには、発生時間が短いという弱点があった。多くの人が目撃したように、一定の時間、光の球が動き続ける理由は謎のまま残された。それを解決する新たな説はないか。コーディネーター、上出さんのリサーチは、軽々と国境を越え、当てはまりそうな最新の物理理論に到達した。それは、驚くべき内容だった。本当は、不気味な光は発生していないかもしれない、というのだ。一体どういうことか。

スウェーデン・ウプサラ大学の電気工学者、バーノン・クーレー博士は、電磁波について、医学博士の息子と共同研究を行っている。中でも、電磁波が、人間や機械に与える影響の研究で大きな成果を上げている。マーガム城で計測されたデータを見たクーレー博士は、「とても興味深い」と目を輝かせた。

なぜ、光の球が現れたのか。クーレー親子が注目したのは、電磁波と脳の関係だった。

ＴＭＳ（経頭蓋《けいとうがい》磁気刺激）という電気と磁気を利用した脳の刺激法がある。うつ病の治療などに用いられる、頭を磁気で刺激し、脳に電流を流す刺激法だ。このＴＭＳを受けている時、患者には、あるものが見えるという。クーレー博士が、パソコンに保管されたデータを見せてくれた。

「何が見えたのか、患者に描いてもらいました。患者が見たものは、不気味な光の球とよく似ています」

患者たちの絵には、確かにオレンジ色の球が描かれていた。ではなぜ、光の球が見えたのか。クーレー博士の息子、ジェラルド・クーレー医学博士は脳神経医学の専門家だ。ＴＭＳにより、脳に電流が流れた効果に注目していた。

「電流は、脳の視覚野を活性化させます。そうすると、実際には光が発生していないのに、幻覚を見ることがあるのです」

電磁波によって脳の視覚野が刺激されると、光の幻覚を見る場合があるという。そして、その刺激が続く間は、光の幻覚を見続けるというのだ。第２次世界大戦のさなか、マーガム城で強力な電磁波が発生していたとしたら。兵士たちが見た不気味な光は、脳が見せた幻覚だったという可能性が見えてきたのだ。しかし、まだ謎が残っている。複数の人間が、同時に幻覚を見ることはありうるのだろうか。息子のジェラルド博士が解説する。

「光の球は、電磁波などの要因で引き起こされます。だから皆が同じ部屋にいたのなら、同じ影響を受けたのでしょう。同じ幻覚を見たということも十分にありえます」

不可思議な現象に迫ったマーガム城の科学調査。調査で得られたデータから、心霊現象の謎の一端を解明することにつながった。しかし、それ以上に、考えさせられることがあった。我々人間は、自分の体のことをどれだけ知っているのだろう。脳が見せるという光の幻覚。さらには、生存本能が引き起こすパレイドリア効果や冷気の錯覚。つまり、多くの心霊現象は、人々がそうと気づかずに自ら生み出していた可能性が高いのだ。それを明らかにしてくれたのが、知られざる人間の性質に迫る最新の科学研究だった。心霊現象の謎を追いかけて、思わぬところへたどりついた気分だった。

大きな実りをもたらしてくれたマーガム城の科学調査。ただし、依然残る謎もある。そもそも、電気が通じていない部屋で、なぜ、電磁波が発生したのか。さらに、物が動くなどの不可思議な物理現象の原因は何だったのか。

SPRのメンバーたちは、マーガム城の調査を続けて、一つ一つ解明していく計画だという。城を離れる直前、調査チームのリーダー、スティーブが強調していた。

「我々の目的は、幽霊を見つけることではありません。我々はなぜ、幽霊を見てしまうのか、その仕組みを解明したいのです。人はなぜ幽霊を見るのかを知りたいのです」

人はなぜ幽霊を見るのか

マーガム城の調査を終えて、心霊現象のいくつかは、人間の生存本能や脳が見せる幻覚など体のメカニズムで解明されつつあった。しかし僕には、最後にどうしても知りたいことがあった。心はどうか。幽霊を見たいと願う心の働きは、心霊現象と関係ないのだろうか。

その答えを求めてやってきたのが、エディンバラだった。イギリスの北部、スコットランド。エディンバラは、中世の都市がそのまま保存されたかのように美しい町だ。天を衝くような石造りの尖塔《せんとう》がそびえ、誰かが奏《かな》でるバグパイプの音色がもの悲しく響く。エディンバラを訪ねてきたのには、もちろん理由がある。名探偵シャーロック・ホームズの生みの親である、作家コナン・ドイル。第1次世界大戦で息子を失い、心霊現象の研究に没頭したことが知られている。その出身地であるエディンバラで、降霊会が開かれるという情報を得たのだ。それも、世界的に有名な霊能力者が呼ばれる本格的なものらしい。

その会場には、大きなコナン・ドイルの写真が掲げられていた。その名もコナン・ドイル・センター。降霊会を主催するアン・トレハーンさんは、会の目的は、ずばり幽霊の存在を証明することだと言う。本当に亡《な》くなった人の霊が存在するのか、さらに交信までできるのか。マーガム城の調査を終えて懐疑的な取材班に対しても、「まあご覧なさい」と自信たっぷりである。何でも、降霊会は大人気のイベントで、1枚20ポンド（およそ3400円）のチケットは、100枚ほどが即完売したのだそうだ。

開始時間は午後7時半。スコットランドの夏では、まだまだ昼間のような明るさである。集まってきた人々は、シャツやスラックスなどカジュアルな格好で、夕食前の散歩にちょっと立ち寄ってみた、という雰囲気だ。「降霊会」という言葉から勝手にイメージしていた、ろうそくだけの暗い部屋とか、狂信的な参加者とか、オカルティックな様子はない。会場には、二人の霊能力者が呼ばれていた。地元スコットランドで活躍するトニー・ストックウェルは、金髪の気さくな青年。アメリカからわざわざ呼ばれたというジェームス・ヴァン・プラーグは、鼻の下の口ひげが印象的な小柄な男性だ。二人とも、のりのきいたシャツを着て、にこにこと笑っている。一見、本当に普通の人たちだ。主催者のアンさんのあいさつの後、降霊会が始まった。すると途端に、会場の雰囲気が一変した。

聴衆の前に立ったトニー。まるで別人のように強張《こわば》った顔つきとなり、猛烈な早口で話し始める。目は焦点が定まらず、宙をにらんでぐるぐるとさまよう。

「私の隣には一人の女性がいる。この女性は57歳で亡くなった方です。この女性は、人生の最期《さいご》の時、とても孤独を感じていた。誰か、心当たりのある方はいますか。はい、あなたですね」

信じられない、という表情の女性が手を挙げる。

「あなたは彼女が死んだ時、紫色の花を彼女にあげましたね。死ぬ直前にあげましたね。そうですね」

立ち上がった女性は、ただただうなずく。そのほおを、涙が伝う。幽霊からのメッセージだというトニーのささやきは、大切な人を失い、その人の幽霊とでも交信したいと願う人々の心に深く入り込む。

「こんにちは、私よ、また会えたわね、と言っていますよ。彼女はさよならを言えなかったことを後悔していると言っています。彼女が一人で死んでしまったことを、あなたは嘆いていたんですね」

同じようにジェームスが、死者と交信している、と話し始める。生前の趣味や暮らしていた家の壁紙の色について語ると、老夫婦が手を挙げた。亡くなった娘のメッセージだというジェームスの語りに、老夫婦は肩を寄せ合って手を握り、泣きながら耳を傾けていた。会場全体が、死者と対話しているという喜びに満ち、心のしこりを流すかのように多くの人が涙を流していた。

二人の霊能力者が、本当に霊と交信していたのか。例えば「リーディング」と呼ばれるような巧みな話術で相手を誘導していたのか。それは分からない。もしかしたら、当人にも分かっていないのかもしれない。ただ、降霊会に居合わせて強烈に感じたことは、〝信じたい人は信じる〟という単純なことだった。幽霊に存在してほしいと心から願う人たちがいる限り、心霊現象はきっと世間を騒がせ続けるだろう。そう考えさせられるのに、十分な光景だった。

幽霊の存在を信じないと言った、富永カメラマン。その彼が、難しい顔でビールを飲んでいる。僕と彼は二人で飲みに出ていた。ウェールズの田舎のパブには、労働を終えてゆっくりと酒を楽しむ男たちの、吐息のような気だるい空気が満ちていた。

とにかくビールがうまかった。壁に積み上げられた巨大な樽《たる》から直《じか》に注ぐ生ぬるいビール。くせのある苦みで香りが強く、麦の甘みがほのかに残る。一緒に注文した分厚いローストハムとの相性も最高で、塩気をきかせて焼いただけのハムがこれ以上ないごちそうに思える。なんてシンプルで、贅沢《ぜいたく》な食事だろう。それなのに富永カメラマンは、やっぱり難しい顔でビールを飲んでいる。もちろん、理由は分かっていた。

結局、心霊現象の謎は、どこまで解明できたのか。マーガム城の調査では、いくつかの謎が科学の力で明らかになった。心霊現象の多くは、人間自身が生み出した可能性が高いことが分かったという成果もあった。幽霊を信じないと言った、富永カメラマンの考えどおりだったと言える。しかし、解明しきれない謎も残った。今回のマーガム城の取材だけでは、魂や死後の世界の謎を解明することはできなかったのも事実だ。考えを巡らせて、彼はため息をついた。

「きっと、生きている人間がいるから、幽霊が存在するのでしょうね。まず、調査で分かった、生存本能とパレイドリア効果のような理由で、人は幽霊を見るということがあります。それともう一つ、幽霊を信じる人間の心理も大きいんじゃないでしょうか。誰かが、不可思議な現象を体験したとする。本当は科学で解明できるようなことでも、魂や死後の世界を信じる人は、幽霊と結びつけるでしょう。そうして心霊現象が生まれるんでしょうね」

そう言いながらも、富永カメラマンはどこか残念そうだった。もしかすると彼は、幽霊の存在を疑いながらも、心のどこかで常識を超えた不可思議な現象に巡り合えることを期待していたのではないか。僕もそうだった。しかし、マーガム城の調査だけで言うと、決定的な、不可思議な現象には遭遇できなかった。

自家用セスナでイギリスを飛び回るSPRのコルビン博士の言葉を思い出す。心霊現象の調査は、「干し草の中から針を見つけるようなもの」と博士は言った。不可思議な現象は必ずある。調査を続けていれば、いつの日か、科学の常識を覆《くつがえ》すような現象に出会えるかもしれない。

大きな楽しみは残されているというわけだ。

今後も心霊研究の進展を見守っていこう。そう心に決めて、目の前のビールを飲み干した。こうして取材班は、魂や死後の世界を物語るような次なる超常現象の取材に入っていった。

後日、アメリカ取材の最中に、日本へ電話を入れた。ヨーロッパのロケ映像素材をチェックしていた梅本京平編集マンに、進捗《しんちょく》状況を確認するためだった。映像素材の中には、心霊現象を捉えようとヨーロッパ各地の心霊スポットで仕掛けた置きカメラの映像があった。マーガム城にも仕掛けていたので、運が良ければ、不気味な光の球や男の幽霊が映っているかもしれないと思ったのだ。しかし、そんな淡い期待はあっさり否定される。

「それらしいものは、何も映っていませんね」

まあそうだろうな、と内心思う。「何の変化もない映像を、ただひたすら見続けるのも苦痛だったでしょう、ありがとうございます」と感謝を伝える。電話の向こうで、梅本編集マンの声が聞こえる。

「でも、マーガム城ですかね、天井がむき出しで板張りの部屋なんですけど……」

不気味なオレンジの光が目撃されたという部屋だ。

「誰もいないのに、よく聞くと、変な音がするんですよ。何て言うか、金属をこすり合わせているような。結構長いですよ。30秒以上は聞こえます。風とか鳥とか、そんな音じゃないと思います。これ、何ですかね」

第一部
さまよえる魂の行方
〜心霊現象〜

episode 3
「死後の世界」を垣間見た人々

国際学会は異様な熱気に満ちていた

２０１３年3月9日と10日の両日、フランス南部の港町マルセイユで開かれた国際臨死体験学会は異様な熱気に包まれていた。医療関係者を中心に延べ２５００人が会場に詰めかけ、チケットは完売。キャンセル待ちの列ができ、途中で帰る人から入場券を譲り受けようと交渉する姿もあった。そして会議場では連日、スタンディングオベーションが起きていた。

臨死体験——。死に瀕《ひん》した人々が垣間見《かいまみ》たという世界の報告に、今、注目が集まっている。その背景として臨死体験の報告が年々増加していることが指摘されている。医療の進歩のおかげで蘇生《そせい》技術が発達し、死の間際《まぎわ》から生還する人が格段に増えたからだ。

前述の国際学会では、ヨーロッパやアメリカの名だたる医師や科学者が、最新研究の発表を行った。その中心になっていたのは、臨死体験をもはや無視できない現象として認識すべきだと考える研究者たちである。フランスの病院で蘇生専門科医長を務めるジャン・ピエール・ポステル医師はこう主張する。

「フランスでは、医科大学でも看護大学でも、生と死についての授業は全くありません。未来の医師や看護師がそういうものを学べる場を作らなくてはなりません。そこで私の病院では、臨死体験などの特殊な経験をした人たちが、それについて話せる診療科を新設したんです」

講演者には、アメリカ・ハーバード大学で脳神経外科医の経験を持つエベン・アレグザンダー博士の姿もあった。博士は、脳に深刻なダメージを受ける重病を患《わずら》い、自分自身が生死の境をさまよった。臨死を体験した後、患者との接し方が変化したと語る。

「以前は医師として、悪いところを直す修理師のようでした。しかし今は、患者の肉体面、精神面、情緒面、スピリチュアルな側面を見るようになりました」

がんの放射線治療を専門とするアメリカ人医師のジェフリー・ロング博士は、きっぱりと言い切った。

「臨死体験を二つの言葉で要約します。medically inexplicable（医学では説明できない）！」

従来の医学では説明できないという不可思議な現象。人間の生と死の謎《なぞ》に迫る最新の研究発表に、聴衆は真剣に耳を傾ける。今、臨死体験を研究しようという動きが、確実に起こっているのだ。一体、世界でどれほど多くの人が臨死を体験しているのか。よく引用されるのが１９８２年にアメリカのギャラップ社が行った世論調査である。その結果、アメリカだけで約８００万人が臨死体験をしたと結論づけた。これは、当時のアメリカの成人人口の、およそ5パーセントに相当する。随分多い印象を受ける。

フランスの学会で「臨死体験は医学では説明できない」と言い切った医師のジェフリー・ロング博士は、臨死体験者が増加していることで、分かってきたことがあると言う。ロング博士は、３０００を超える臨死体験の事例を集めたデータベースを運営しており、世界中の報告を研究して、医学では説明できないある事実を見いだしたというのだ。

ロング博士にホテルの一室でインタビューを行った。部屋に現れた博士は、すぐさまリュックからパソコンを取り出し、臨死体験に関する情報をまるで洪水のように話し出した。臨死体験の世界最古の記録はギリシャの哲学者プラトンの時代にさかのぼること、その記録が現代の臨死体験とよく似ていること、臨死体験が広く知られるようになって他人に話す体験者が増えていること……。ものすごい早口で、とうとうと話し続ける。中でも、博士が特に強調することがあった。

「臨死体験で経験する要素やその順番に、顕著な共通性が見て取れるのです」

しかもそれは、西洋社会であろうと、非西洋社会であろうと関係がない。つまり、臨死体験は、体験者を取り巻く文化や宗教とは関係ないと博士は主張するのだ。

「アメリカのキリスト教徒であろうと、エジプトのイスラム教徒であろうと、インドのヒンドゥー教徒であろうと、臨死体験は起こります。幼い子ども、年を重ねた老人、科学者や医師、目が見えない人にも起こるし、無神論者を含むどのような宗教的背景を持つ人にも起こります。そんな彼らの臨死体験は驚くほど似ているのです」

臨死体験の不思議な共通性

世界の人々の臨死体験における共通性とは何か――。取材班は、臨死体験事例を研究し、多くの体験者に話を聞いた。そして、生と死の境をさまよった人々がどのような体験をしたのか、その姿を探った。

【事例①】オランダ

その臨死体験者の家を訪ねた時、空には鈍い灰色の雲が垂れ込めていた。今にも降りそうだな、先に家の外観を撮影したほうがいいかな、とつらつら考えながら門をくぐる。そして思わず立ち止まった。曇天に色彩を与えるように、庭の花々が美しく咲いていた。その庭は生き生きとした植物の生命力をそのまま競わせるようで、家の主が丹精を込めているのがよく伝わってきた。

エリー・ムアマンさん、64歳。髪を短くカットして活動的な、意志の強そうな女性だ。もとは小学校の教師だったという。あいさつを交わした後、「いい庭ですね」と感想を伝えた。すると、ふっと庭に目をやって、「臨死体験で見た世界を思い出しながらずっと造っているのだけれど、やっぱりうまくいかないわね」と、つぶやくように話す。遠い昔に離れ離れになった恋人を思うような、心残りの横顔だった。彼女にとって臨死体験は、今も大切な記憶として胸にある。それがすぐに分かった。

エリーさんが臨死体験をしたのは今から30年以上前、1978年9月23日のこと。第2子となる娘の出産時、大量出血で娘を失い、自らも命を落としかけたのだと言う。

「意識を失うと、トンネルにいました。その奥には素晴らしい光がありました。とてもきれいで、暖かくて、幻想的でした。だから歩いてトンネルから出ました。すると、素晴らしい花、色、音楽……。見たことも聞いたこともないような世界を見ました」

どのような世界だったのか絵に描いてみてくれないかと、無理を承知でお願いすると、エリーさんはスケッチブックを開き、さらさらと色鉛筆を走らせた。すぐに、黄色い空と緑の大地が現れた。

「たどりついた場所は、黄色の世界です。そこに、大きな緑の草原がありました。草原には、花が一面に咲いていました。この世にはない色で、とても洗練されていて、うまく描けません。そこには私を待っている人がいたのです。それは、私が12歳の時に亡《な》くなった父でした。父は、私の手を握ってくれました。言葉もなく、話さなくても理解できるようで、そのまま一緒に連れていってくれました。天国……、天国としか言えないような情景で、光に満ちて、ただ美しく、無条件で受け入れてくれる世界です。無条件の愛に包まれた感じです」

エリーさんは、臨死体験で見た世界に、手をつないだ二つの人影を描き足した。大きな人と、その手を頼りなげにつなぐ小さな人。絵を描きながら話す口調は、高ぶることも冷めることもなく、終始淡々と、単純な事実を伝えているだけ、という印象だ。

「父と光の中を歩いていきました。すると、足を踏み外して、つないでいた手が離れました。トンネルに戻されて、気がつくと、看護師さんが私のほおを強くたたいていました。あなたは戻ってきたわ、幸運よ。もう駄目かと思ったのよ、って」

命が助かった一方で、エリーさんは、今でも〝ホームシック〟だと言う。僕は思わず口を挟んだ。本当にそのような世界はあるのか。証明できるのか。この問いに対してエリーさんは断言した。

「体験したことがない人は、証明しろと言います。ただ、あるんです。それだけです。信じなくてもいいですが、そのうち経験しますよ」

【事例②】アメリカ

40歳のシェリー・バーディックさんは、いつも小ぶりのバッグを背負っている。中には、心臓に直接つながって血液の循環を補助する医療機器が入っている。夜寝る時には電池の充電を欠かせない。「あなた方が携帯電話を充電するようなものだ」とシェリーさんは笑う。

2010年に心臓が停止したシェリーさんは、24時間以上は生存できないとされる、最も危険なステージの心不全だった。人工心肺装置をつながれ、昏睡《こんすい》状態が続いていた。

「知らず知らず私の意識は、ある美しい別の世界へと流れていきました。家族や医師など周りにいる人たちから見たら、私は単に昏睡状態だったわけですが、実際は全く別の世界を旅していたのです。深い海の底のような場所でした。さまざまな色合いのブルーとか、生き生きとした色彩に囲まれていました。これまでに見たことがないような色です。美しくて、美しくて……」

自らの臨死体験を、ゆっくりと、かみしめるように、シェリーさんは話し続ける。

「私はそこで浮遊していました。形は保っていますが、水をはじめ、自分の周りのものとつながっていました。自分がすごく軽くなっていた感覚をはっきりと覚えています。それまでずっと抱えてきた苦しみや、恐怖、失望、怒り、不満、悲しみ……、人生の重荷がなくなったような気持ちです。それまでの過《あやま》ちも全《すべ》て消えたのです。自分が羽根のように軽くなったのを感じました」

シェリーさんは、緩やかに流れる水のように、よどみなく話し続ける。

「最終的には兄が現れて、私を水の中から引き上げてくれたんです。私が息をすると、皆が大喜びしていました。急いで家族を呼びに行こうとする人たちが見えました。それが、昏睡状態から抜けた最初の瞬間でした」

以前は、トイレに行く暇もないほどの仕事人間だったというシェリーさん。臨死体験を経て、考え方や生き方が大きく変わったと話す。仕事を辞め、人生の中で背負ってしまった肩書やしがらみから解放されて、深呼吸ができる幸せを味わっていると言う。

【事例③】日本

36歳の鈴木美穂さんは、眼鏡がよく似合う穏やかな雰囲気の女性だ。話していると、朗らかな人柄や優しさがしみじみと伝わってくる。ふだんは東京のカフェを拠点にフェアトレードの活動をしながら、毎月、東日本大震災後の東北を訪ねている。仮設住宅の独居老人と交流したり、ミサンガ作りなど在宅作業を手伝ったり、ボランティア活動に打ち込んでいる。震災から日がたち、世間の関心が被災地から離れていくのを憂慮しているという。このように人と関わることやこの世で生きる意味を考えるようになった原点に、臨死体験があると話してくれた。鈴木さんが臨死体験をしたのは15歳の夏だった。交通事故に遭い、すい臓を損傷して危篤《きとく》に陥った。

「私、死んじゃうと思った瞬間に映像が途切れました。真っ暗なトンネルの中に場面が切り替わったんです」

鈴木さんは、その時に歩いたトンネルのことを今も明確に覚えているという。

「暗いんだけど、広く感じます。足で歩いているような、床がある感じで、ずっと歩いていると、徐々に空間が狭まっているような気がしました。いつの間にか、右手を壁につきながら歩いていました」

自らが死に直面していることには気づいていた。いつまでトンネルが続くのか不安だった、と鈴木さんは話す。

「その時、遠くにこう、小さく光が見えたんです。曇りガラスの向こうに太陽がある感じ。あ、あそこに行けばいいんだって思った瞬間に、そのトンネルがなくなって、一瞬にして真っ白い世界に変わったんですね。暗闇《くらやみ》が光に変わったんです。あ、すごい、こんなきれいな光があるんだって思ったら、だんだんそれが光の粒になっていって、その粒が、自分の寝ている病室のベッドの柵《さく》になったり、窓になったり、窓の向こうの木になったり、傍らに立っていた父親になったり……。その景色を見ながら、ああ、全部光でできているんだな、って思ったんですね」

臨死体験の時に見た光が、今もフラッシュバックする。忘れることのできない強烈な体験だったと鈴木さんは言う。そして、臨死体験から現実の世界に戻ってきたことで、生きていることに意味があると考えるようになった。命に対する感覚がガラッと変わったと話してくれた。

この他にも、取材班は、数多くの臨死体験者に話を聞き、膨大な事例の記録に目を通した。臨死体験者の全てが、一様に、全く同じ体験をしているわけでもない。中には、この世のものとは思えないような苦しい「地獄体験」をした、という事例もある。人生が走馬灯のように蘇《よみがえ》る「ライフレビュー」を経験した人も多い。

しかし全体として、3000例の臨死体験データベースを運営するロング博士が指摘したとおり、臨死体験者に通じる共通性が確かに見いだせた。臨死体験で見た世界について、花を見たと言う人、何百万のチョウを見たと言う人、深い海底に流されたと言う人、何もかもが輝く壮大なドームだったと言う人。個人差はあるけれど、「トンネルに入った」「見たこともないような美しい世界だった」など、共通する要素が確かに見いだせた。ちなみに、インド出身のヒンドゥー教徒の男性は、臨死体験でキリスト教の天使を見て戸惑ったと言っていた。確かに、文化や宗教は関係ないのかもしれない。

取材で得た結果を整理しながら、番組制作はある課題に直面した。それは臨死体験者が見る世界を、どうすれば映像化できるのかということだった。美術デザイナーの土手内《どてうち》賢一さん、CGデザイナーの寺部晶《てらべあきら》さん、吉田まほさん、CG制作の池田誠さんに相談を持ちかけた時の会話だ。

「なんか、この世にないような色や光に満ちていて、見たこともないような美しい世界らしいんです。これ、ＣＧで表現できませんか」

美術チームは、案の定、頭を抱えた。それまでにも、マーガム城に現れるという男の幽霊を作ってくれとか、不気味な光の球を表現してくれとか、「超常現象」番組ならではの〝形や姿が特定されていないもの〟を具体的に映像化するという困難な相談が続いていた。臨死体験の世界は、さらに輪をかけて難しい。

「見たこともないような世界、ですか」

臨死体験者たちの証言記録を読みながら、美術チームが「うう……」と唸《うな》る。しかし、そこはプロの集団だった。放送直前まで粘り込みながら、独自の世界観に仕上げてきてくれた。登場するものは全部光でできているという素材感、世界の色や形が定まらず変化し続けることなど、細部にこだわった豊かな映像が作られた。体験者たちの証言を基に整理した、臨死体験に共通するイメージである。

●気がつくと、暗いトンネルにいる。その先には、明るい光。
●光の中には、見たことのない美しい景色。聞いたことのない、心地よい音楽。
●決して会えない大切な人が待っていることもある。
●無上の愛や、大きな幸せを感じる。

「死後の世界など存在しないでしょう」

臨死体験の研究についてよく言われる言葉がある。「この現象が存在するかどうかを議論するステージではない。なぜ起きるのかを追究するステージに入った」と。我々取材班も、実際に取材を進めて、臨死体験という不可思議な現象は確かに存在するのではないか、という実感は深まっていた。膨大な事例、世界中の体験の共通性、体験者が強調する強烈なリアリティー。実在する現象として、世界中の科学者が注目している理由はよく分かった。

しかし一方で、死後の世界と言い切ることに対しては、少しずつ疑問が膨らんでもいた。世界中の人が同じ体験をするのならば、それは、人間誰もに共通する生理反応ということも考えられる。死に直面した人体が何らかの反応を起こして、それを臨死体験と錯覚するのではないか。

実際、臨死体験を医学的に説明しようという研究はたくさん存在する。治療のために投与された薬品によるものという説、エンドルフィンなど脳内の分泌《ぶんぴつ》物質によるものという説、呼吸停止による体内の二酸化炭素の増大によるものという説、脳が危機的状態に陥った時の睡眠障害によるものという説……。枚挙にいとまがない。ただ、個人的な印象としてはどれも決め手に欠け、何を取材すべきか考えあぐねていた。取材期間の終わりが見え始め、徐々に焦《あせ》りが募っていた2013年8月13日。イギリスにいるコーディネーター、上出さんから、「臨死体験・解明」というタイトルのメールが届いた。

「さっき読んだ記事ですが、アメリカ・ミシガン大学から研究が発表されました。ネズミを調べた実験です」

どうやら、ネズミを使った実験で、臨死体験の謎に迫る新たな発見があったらしい。ネットで検索すると、アメリカやヨーロッパで大きな反響を呼んでいた。さっそくミシガン大学に連絡をとった。

デトロイトの空港で手配したタクシーは、ミシガン大学に到着したものの、キャンパス内で目的の研究室を見つけられずにいた。これは決して珍しいことではない。アメリカの大学のキャンパスは往々にして広く、目的地にたどりつくまで、ぐるぐるとさまようのもよくあることだった。研究室に電話をして、改めて場所の案内を請《こ》う。近くに目印の図書館があるからまずはそこを目指せと言うのでタクシーを走らせると、図書館前に白衣を着た女性がにこにこ笑って待っていた。研究室からわざわざ出迎えに来てくれた、ジモ・ボルジギン博士だった。

神経生理学者のボルジギン博士は、中国・内モンゴル自治区の出身で、日本の東北大学で研究を重ねた後、アメリカに移って、現在はミシガン大学で研究に打ち込む国際色豊かな研究者だった。それだけ実績を積み上げてきたこともあり、研究室のスタッフと親しげに話す様子や、真剣に議論を始める様子から、研究者として信頼されているのがよく伝わってきた。さっそく、最新の研究内容について話を聞いた。

臨死体験の解明につながると話題になった研究は、偶然生まれたものだった。脳に関する別の研究を行っていた時、実験対象であったネズミが脳卒中を起こして死亡した。たまたま脳に計測機器をつけていたため、死に瀕した動物の脳に関する新たな発見につながったのだ。これまでは、心臓が停止すると、脳は急速に機能を失うと考えられてきた。しかしその常識が覆《くつがえ》されたと、ボルジギン博士が研究成果のグラフを示す。

グラフは、脳の6か所で同時に計測された脳波が、上から順番に並んでいる。そして一番下に、心臓の活動を示すグラフが示されている。心臓のグラフは、ある一点で反応が途切れる。心臓が停止した時点である。続いて、脳への酸素の供給がストップする。

「重要な発見はこの後です。脳は活動をやめないのです」

ボルジギン博士がボールペンで、脳波を指した。脳波のグラフには、酸素の供給が止まった後、明らかな変化が起きていた。波長を示すグラフの横幅が、格段に狭くなっているのが一目瞭然《りょうぜん》だ。

「実はこの状態は、脳が非常に活発に働いていることを示します。これまでは、心臓が停止すると同時に、脳も停止すると考えられていました。しかし、違ったのです。脳は、一生懸命働いていたのです。脳は、生き残ろうと必死です。これは、脳に備わったメカニズムなのです」

ボルジギン博士は、心臓の停止からおよそ30秒にわたって、脳は活動を続けていることが分かったと言う。

死の間際、生き残りをかけて必死に働く脳。この30秒の間に何が起きているのか。臨死体験者が垣間見た世界と、何か関係があるのだろうか。それをひもとくヒントが、意外なところにあった。アメリカ軍のパイロットが受ける、ある訓練である。

アメリカ・アリゾナ州のエンブリー・リドル航空大学。

航空科学を教えるティモシー・セスタックさんは、アメリカ海軍に20年勤務したベテランのパイロットだ。セスタックさんが軍に在籍していた時に携わったのが、重力に関する研究だった。軍のパイロットは、高速で飛ぶ飛行機の中で体にかかる重力から身を守る必要がある。

「軍用機のパイロットは、全身の筋肉をぐっと絞り込んで、血液を脳から逃がさない方法を身につけなくてはいけません。でないと意識を失ってしまいます」

そこで受けるのが、重力に耐えるための訓練だ。この訓練には重力を発生させる特別な機械が使用される。パイロットは、巨大なアームの先についた丸いゴンドラに乗り込む。続いて、アームが円を描いてぶるんぶるんと高速回転を始める。その先端のゴンドラの中では、パイロットに重力負荷がかかる。体格などによる個人差はあるが、パイロットにかけられる重力負荷は、時に地上の10倍前後になるという。

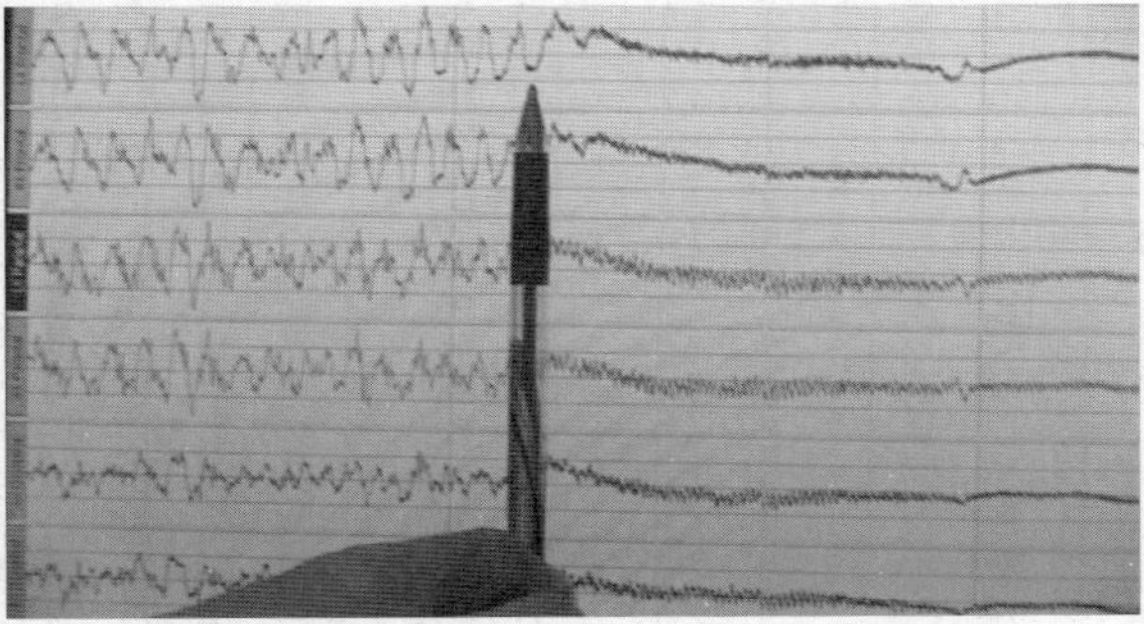

ボルジギン博士が示した脳波のグラフ。

この時、パイロットの血液は下半身に停滞し、脳への血流が減って低酸素状態となる。ミシガン大学の研究に照らし合わせると、ネズミの心臓が停止して脳への酸素供給がストップした時点と、よく似た状態だ。ここで多くのパイロットが経験するのが「Gロック」と呼ばれる状態である。訓練の記録映像を見てみると、重力負荷をかけられた兵士たちの目は徐々に焦点を失い、首の芯《しん》が抜けたように頭をガクンと落として失神した。意識を失ったのだ。

セスタックさんは、1000近くの、Gロックの体験例の聞き取り調査に関わった。その結果、Gロックになった兵士たちの多くが、ある不思議な光景を見ることが分かったという。

「意識を喪失する時、まず失われるのは視界です。視界の端からだんだん暗くなるブラックアウトが起こります。その時、トンネルのようなものが見えると言います。トンネルの先には白い光というか、それに似たようなものが見えるのです」

低酸素状態の脳が見せるという、トンネルのような景色。臨死状態で経験するというトンネル体験のようだ。さらにその時、多くのパイロットが、不思議な感覚を報告している。

「穏やかで、静かで、大きな幸せを感じると言います。とても心を打たれるような、

重力負荷の実験機（イメージ）。

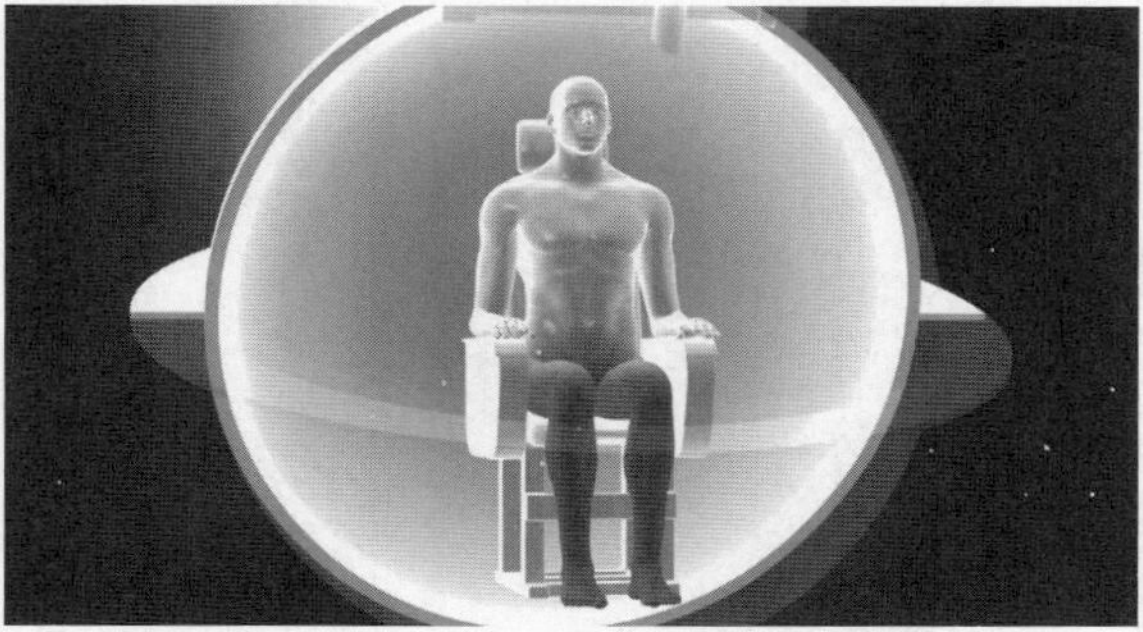

パイロットの血液は下半身に停滞し、脳は低酸素状態となる（イメージ）。

印象的なものだと」

臨死体験者が語る、〝無上の愛や多幸感〟といった感覚とよく似ているようだ。臨死体験とは、死の間際に、低酸素状態となった脳が起こす現象ではないか。ミシガン大学のボルジギン博士はそう考えている。

「臨死体験は、脳がもたらすものです。実際に何かが見えているのでしょう。昏睡状態でも、視覚の認識は働いています。だから、過去の思い出や、彼らの人生に実在した人たちが見えるのです。死後の世界など、存在しないでしょう」

体脱体験の謎

しかし、臨死体験には、低酸素状態の脳の働きだけでは説明できない、不可思議なものもある。

それは、明治大学の蛭川立准《ひるかわたつじゅん》教授のもとで、臨死体験を研究する岩崎美香さんから紹介してもらった事例の中にあった。岩崎さんは、日本人の臨死体験事例を20例近く収集し、詳細な分析を行っている。蛭川准教授と岩崎さんのご助力により、取材班はある臨死体験者に巡り合うことができた。

佐藤数行さんは、材料開発メーカーで研究に携わる科学者である。大阪大学の招聘《しょうへい》研究員として、今は、太陽光発電のパネル開発に携わっている。佐藤さんは、前の職場にいた19年前、寝る間もないほど働き詰めの日々を過ごしていたという。ほんの一息つくために会社の自動販売機で買った缶のミルクティーを飲もうとした瞬間、倒れて意識を失った。

「すっと抜けてしまったというか、意識が飛んでしまったというんですかね、その瞬間、自分が自分を見ているという状況に遭遇したんです。今から思うと、すごく奇妙な情景なんですけれども、本当に倒れている自分がいて、口を開けて、泡を吹いているんですよ。半分白目をむいているんです。それを、5〜6メートルくらい斜め上から見ている。周りは真っ黒なんですよ。無限に広がる黒い空間の中に、ただただ自分というものがスポットライトを浴びて倒れているのを、上から見ているという感じです」

いわゆる「体脱体験」である。体から浮き上がった感覚で、自分を見下ろしているというものだ。臨死体験のデータベースを運営するロング博士の調査によると、臨死体験者の46・5パーセントが体験しているという。

さらに、体脱体験の中には、より不可思議な現象を伴う事例もあった。取材班が、アメリカで出会った臨死体験者の話だ。

牛がのんびりと草を食《は》むコネティカット州の美しい牧草地帯。滑らかな緑一色の丘に建つ一軒家を訪ねた時、しとしとと糸を引くような雨が降っていた。医師のトニー・シコリアさんはバルコニーの外の雨を眺めながら、自分が臨死体験をした時も雨の日だったと話し始めた。１９９４年、親族が集まるパーティーで、一人で外に出て雷に打たれ、心臓が停止して意識を失ったという。

「大きな閃光《せんこう》が私の顔面を直撃しました。その時、いきなり自分の意識が体から抜け出る感じがしたのです。そして、しばらくその場に立ちつくした後、家への階段を上り始めました」

話を聞いている時、ちょうど、妻のニーナさんがインテリアデザインの仕事から帰宅した。迎えに出たトニーさんとハグし、優しくキスを交わす。そこから、ニーナさんにもインタビューに加わってもらった。トニーさんの不可思議な体脱体験は、ニーナさんの存在が鍵《かぎ》となるからだ。トニーさんが、雷に打たれて意識を失った時、トニーさんの体から脱け出た意識は、浮遊して建物の中へ入り、室内にいたニーナさんの姿を見たと言うのだ。トニーさんが倒れていた外からは決して見えないはずだった。

「妻は何人かの子どもに囲まれて座っていました。たぶん、3～4人でしょう。妻は前かがみになって、一人の子どもに何かをしていました」

妻のニーナさんに、その時何をしていたのか、確認する。

「彼の言っていることは事実です。私は、子どもの顔にペイントしていました。それは、彼が外で倒れていた時に間違いありません」

ニーナさんは、自らが経験したことのない臨死体験の存在を信じておらず、トニーさんと意見が異なる。しかし、トニーさんが見たという「3〜4人の子どもに囲まれ、前かがみになっていた」ことについては、確かに事実だと認めた。妻の話を聞きながらトニーさんの表情に変化はない。単純な事実を確認するかのように、淡々と続ける。

「実際に体験したからこそ自信を持って言えます。私は、意識が死後も生き続けると思います。臨死体験は幻覚ではありません」

「急に体が浮き上がって……」バーチャル実験の被験者は語る

こうした「体脱体験」は、科学で解明できるのか。

スイス連邦工科大学では、体脱体験を再現しようとある実験を行っている。被験者はまず、特殊なゴーグルを装着する。ゴーグルの中には、2メートル先に見える背中の映像と、その上を移動する赤い点が二つ見える。次に、2本のロボットアームが上下に動く台に、仰向けに横たわる。背中の下のロボットアームは先端が球状になっていて、マッサージ機のように被験者の背中をこする仕掛けだ。

実は、ゴーグルの中に見える赤い点の動きとロボットアームの動きはシンクロしている。つまり被験者は、バーチャルな背中を動く赤い点を見ながら、全く同じ動きのロボットアームで自分の背中を刺激されることになる。そのまま時間が経過すると、被験者は、見えている背中が自分の背中だと感じるようになることが明らかになった。それどころか、体脱体験と同じように、体が浮き上がる感覚になることも分かった。撮影に協力してもらった女性の被験者は、明らかに戸惑った表情で、その感覚を説明してくれた。

「何と言うか、急に体が浮き上がり、ひっくりかえるような不思議な感覚でした。言葉では表しにくいのですが、体が下にあるように感じたのです」

実験を行った認知神経学者のオーラフ・ブランケ博士は、体脱体験は脳の錯覚だと考えている。

「体脱体験は間違いなく、脳のデータ処理のミスから起こっています。例えば、ここに座っている私の脳の中では、左足、右足、腕はどこにあるか、頭の向きはどっちか、情報の確認が自動的に行われています。いわば、我々のＧＰＳが作動しているのです。

しかしエラーが起きると、全く別の場所に自分の存在を感じたり、体が２か所同時

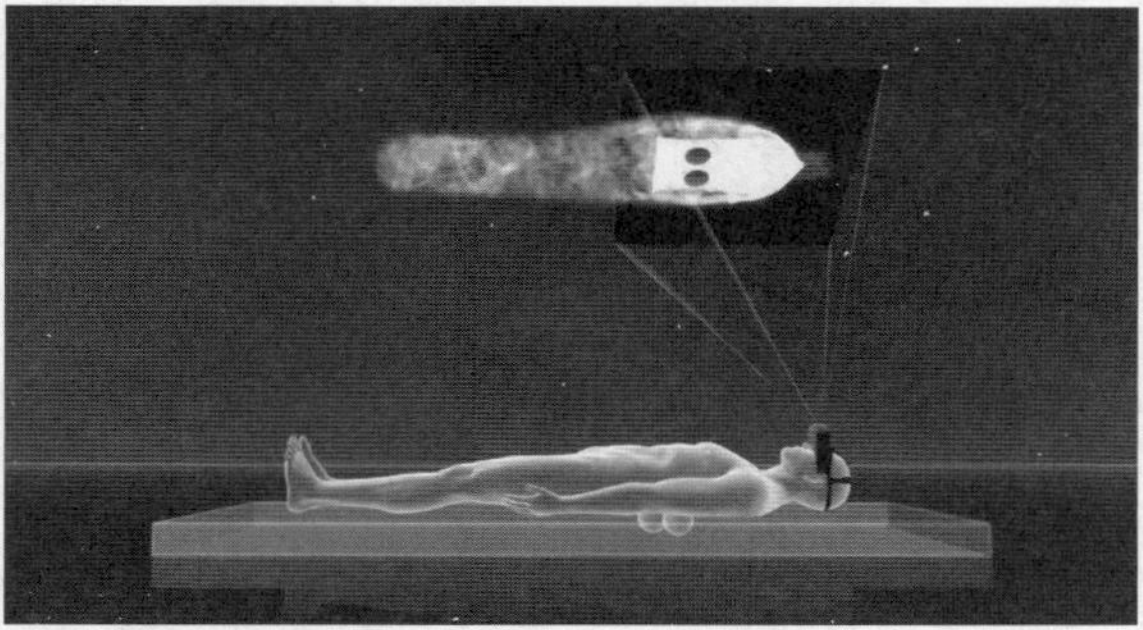
体脱体験の再現実験（イメージ）。

に存在しているように感じたりしてしまうのです」

脳の錯覚で、体脱体験のような体が浮き上がる感覚になる可能性が示されたのだ。しかし一方で、謎もまた残された。死の間際にも、この脳の錯覚が起きているのかどうかは分からない。医師のトニー・シコリアさんのように、離れた場所を浮遊するという体験についても解明されていないのだ。

「私たちはそれで離婚しました」

取材を重ねていて、興味深い研究に出会った。臨死体験者の人生に関わることだ。

オランダの医師、ピム・ヴァン・ロメル博士は、臨死体験について30年近く研究を続けている。2001年には、オランダの10の病院と協力して、心臓が停止した後に蘇生した患者344人の共同調査を行った。その結果、蘇生した３４４人のうち62人（およそ18パーセント）が臨死体験をしたことが判明する。調査結果をまとめた論文がイギリスの権威ある医学誌『ランセット』に掲載され、世界中に大きな反響を巻き起こした。その中でヴァン・ロメル博士は、臨死体験が、体験者のその後の人生を変えてしまうほど強烈な出来事であることに注目。臨死体験をした人々の人生を8年にわたって追跡し、人生観の変化を捉《とら》えた。その研究によると臨死を体験してから8年後、およそ4割の人が魂に興味を持ち、6割の人が死を恐れなくなっている（次ページ表参照）。さらに、9割近くが人生の意味に関心を持つなど、死生観が変化している。ヴァン・ロメル博士は言う。

「臨死体験をした患者の内面は著しく変化します。人生の中で何かが大きく変わるのです。自分を思いやるようになり、自分の全てを受け入れようとします。そして、他者を愛するようになり、自然や地球に対する愛へと広がっていきます。精神性が高まり、教会にも行かなくなる。なぜなら、真実を知っているから、説教される必要がなくなるからです」

　体験者の多くが、生きる意味をポジティブに見定め、性格や生き方を劇的に変える姿を、ヴァン・ロメル博士は目《ま》の当たりにしてきた。しかし、それは同時に、臨死を体験していない周囲の人々を戸惑わせる。体験者の多くが、周りの人とのすれ違いに直面し、苦労することになると言う。

「臨死体験を言葉で表現するのは、あまりにも難しいことです。そのため、誰にも信じてもらえません。配偶者にも、医師にも、看護師にも信用されない。人に話しても信じてもらえないから、孤独な思いをする。彼らが自分たちの経験を受け入れて、新しい人生を歩むのはかなりの苦闘です。臨死体験をどう扱うかは体験者にとって、大きな挑戦なんです」

雷に打たれて臨死体験をしたトニー・シコリアさんも、人生観を大きく変えた一人だ。トニーさんの家には、バルコニーに面して美しいグランドピアノが置かれている。何か弾いてくれないかと頼むと、トニーさんは自ら作曲した曲があると言った。

トニーさんの大きな手が鍵盤《けんばん》の上にそっと置かれる。瞬間、力強い音が響いた。深く、重いメロディーが響く。トニーさんは、自作の曲に没入し、別人のように、一心にピ

（ロメル博士らの研究より）

	2年後	8年後
人生の真の目的を理解した	52 %	57 %
スピリチュアルなことに興味を持った	15 %	42 %
死を恐れなくなった	47 %	63 %
人生の意味に興味を持つ	52 %	89 %
何事にも感謝する	78 %	84 %

アノの鍵盤をたたき続ける。もともとは、子どものころに少しピアノをかじったことがあるだけだったという。ところが、臨死体験の後に突然ピアノを買った。作曲を一から学び、高価なピアノを次々に買ってのめり込んだ。死後の世界から戻った後、頭の中で繰り返し流れる音楽があるからだという。医師の仕事や家族と過ごす時間を削って、頭の中の曲に集中した。臨死体験で与えられたと信じるメロディーを再現しようと、一心不乱に打ち込んだ。しかしそれは、家族を戸惑わせた。トニーさんの隣でインタビューに応《こた》えてくれた妻のニーナさんは、当時の夫の様子を振り返る。

ニーナ「ピアノに異常に情熱を示すようになりました。それは強迫観念にとらわれているようにさえ見えました」

トニー「私は、頭の中の曲が何のために授けられたのか理由を知りたいのです。どこからこの音楽が来たのか、理解したいのです」

ニーナ「人生の謎の全てを解決することが本当に必要なのでしょうか。無理に解決しようとした時、何かが壊れたりするものです。私たちはそれで離婚してしまいました」

突然の告白に、驚いた。トニーさんは、確かに特別な経験をしたのかもしれない。しかし、妻のニーナさんは「そのせいで家族の生活は全て変わってしまった」と言い切った。夫婦の関係、夫の人格、仕事……。あらゆる面が変化したという。ニーナさんから見た夫は、現実世界に起きていることに興味を示さず、精神的にぼんやりとした状態になった。そして、ピアノに異常に執着した。

離婚をしてから時が経過し、二人は1年前から再び一緒に暮らしている。個々の生活よりも、家族の意識がずっと大きな意味を持つことに気づいたからだという。しかし、ニーナさんは、夫を変えた臨死体験を、今も決して忘れない。真剣な眼差《まなざ》しで締めくくった。

「私たちが別れる原因となった一連の出来事を本当に残念に思っています」

トニーさんは、ニーナさんの独白を横でじっと聞いていた。そして、自分に言い聞かせるように口を開いた。

「長い年月がたち、ようやく分かってきたことは、私は私の信じるものを信じ、他人は他人の信じるものを信じればいいということです」

多くの体験者が、同じような思いを抱いている。出産時の大量出血で臨死体験をした、オランダのエリー・ムアマンさんも意識を取り戻した後、看護師や医師に自らの体験を話そうとしたという。

「医師が私の部屋にいたので、話そうとしました。すると医師は、忘れなさい、あなたはまだ若いし、子どもは持てるよ、と言ったのです。それですぐに分かったのは、この世の人たちはそのような話を聞きたくない、扉を閉ざしてしまうということ。それで、私も閉ざしました」

その後20年間、エリーさんは自らの体験を公表しなかった。

過労で倒れて体脱体験をした日本の科学者、佐藤数行さん。今は、なぜ自分が特別な体験をしたのか、臨死体験を前向きに考えている。しかし体験当時は、自らの臨死体験を否定したという。科学者である自分とのギャップに悩んだからだった。

「ある意味自分のやってきたことの無力さ、科学の無力さとでも言うんですかね。でも、何か超常的なことはあって……。無力さというのが一番つらかったですね。説明できない無力さ」

心臓に重い疾患を抱えるアメリカのシェリー・バーディックさん。臨死体験をしてから3年以上がたち、ある決断をした。シェリーさんは、ニューヨークの大学病院に通院している。担当の医師に、自らの体験を話してみようと考えたのだ。我々も取材で同行した。担当医と向き合ったシェリーさんは、少し緊張していた。いつもの穏やかな表情も、どこかぎこちなく見える。ゆっくりと、自分の体験を話し出す。

「実際に私に起こったことなのですが、私が昏睡状態にあった時、私の意識はその先も続いていたのです。機能し続けていたんです……」

医師は、アメリカを代表する心臓の専門医として著名な人物だった。ミシガン大学の、心停止後のネズミの脳活動を調べた研究も知っていた。シェリーさんの話を聞き、冷静に、端的に答えた。

「残念ながら、私は臨死体験を信じていません。特に、あなたのような疾患の場合は」

シェリーさんが返す。

「いいえ、私は、私たちの認識を超えた〝意識〟が存在すると信じています。ただ、科学がまだ、完全に追いついていないのだと思います。私の体験から、天国や地獄などと言われる場所は、異なる意識レベルであり、雲のかなたの場所ではないと思っています。私たちはまだ、そこに到達していないだけなのです。意味、分かりますか」

医師は少し考えて、「非常に科学的なご意見だと思いますよ」と、にっこりと笑った。

緊張していたシェリーさんも、「ありがとうございます」と笑って続けた。

「私は、臨死体験者と、臨死体験を解明しようとする科学者たちが、コミュニケーションをとってくれればと思います。臨死体験をした人たちが本当にたくさんいることを、双方が気づいてくれたらと思います。私たちは、すごく特殊な、パワフルな体験をしたのです。なぜ私たちがこのような体験をしているのかについて、もっとオープンに議論できたらと思います。それが脳の機能によるものであれば、それはそれでいいのです。なぜなら、脳は意識と関係しているでしょうからね。医学的研究と私のような体験者が協力することで、臨死体験は、今後解明されると思います」

横で聞いていて、シェリーさんの主張には一理あると思った。臨死体験を科学で解明しようという動きは着実に成果を上げている。しかし同時に、臨死体験者と科学者の距離は広がった。臨死体験者は、自らの体験を、死後の世界を垣間見《かいまみ》ることのできた特別なものと信じる人が多い。逆に科学者は、臨死体験は、主に脳に起因する人間の生理反応だと解釈するのが一般的だ。その結果、臨死体験者の多くは、周囲の無理解にも苦しんでいる。

ここで、臨死体験者は死後の世界に固執せず、科学者は現代科学だけで解決しようとせず、お互いの主張をかみ合わせてみてはどうだろう。人間の生と死に関する、新たな発見につながらないだろうか。臨死体験の原因はまだ解明されていないが、不可思議な現象を体験している人たちは確実に存在するのだ。それをどのように解き明かし、より良き人生のために生かすのか、真剣に考えるべき時が来ている。今も、臨死体験者は増え続けているのだから。

第一部
さまよえる魂の行方
～心霊現象～

episode 4
生まれ変わりの子どもたち

前世の記憶を口にする子ども

江戸の昔、「勝五郎」という少年がいた。現在の東京・多摩地区に暮らし、生まれ変わりの記憶を話したそうだ。それによると、前世は「藤蔵」という名前で、一里半ほど離れた別の村に暮らしていたが、6歳の時に病気で死んでしまったという。勝五郎は、夜ごとに、「前の両親に会いたい」と訴えたが、両親は本気で取り合おうとはしなかった。しかし、ある時、勝五郎の祖母が村の集まりでそのことを話してみたところ、勝五郎の話に一致しそうな子どもがいたことが分かった。そこで祖母は、勝五郎を前世で暮らしていたという村へ連れていってみた。すると勝五郎は、村に入るなり、かつて住んでいたという家をいともあっさりと見つけた。そればかりか、「以前、あの屋根はなかった、あの木もなかった」と、村の変化を正確に指摘した。その様子に驚いた家の人たちは、勝五郎のことを藤蔵の生まれ変わりであると認めたという。

まるでおとぎ話のようだが、勝五郎は実在した人物だ。国学者の平田篤胤《ひらたあつたね》が詳しい調査を行い、『勝五郎再生記聞』という記録を残している。明治2年に亡《な》くなった勝五郎の墓は、現在の八王子市に、勝五郎の前世だったという藤蔵の墓は日野市に残る。

魂の存在を物語るかのような不可思議な現象。取材班の前に最後に現れたのが、この「生まれ変わり現象」だった。

今まで「生まれ変わったら金持ちになりたい」とか、「生まれ変わってもずっと一緒だよ」などという言葉を、何度か耳にしたことがある。そのたび、僕は、生まれ変わりなんて本当にあるものかね、と思ってきた。死んだらどうなるかなんて分からない。金持ちになりたかったら今から努力すべきだし、大切な人がいるなら今この世で力いっぱい愛し抜くほうがいい。そう考えてきた自分が、まさか、生まれ変わりについて真剣に考える日が来るとは思わなかった。勝五郎の記録を読みながら、取材の方向性を探ってみた。

●現代にも、前世の記憶を持っている人間が存在するのか。
●存在したとして、どうやって探せばいいのか。

生まれ変わりだという事例を探すための、取材の突破口を開いてくれたのは、アメリカ担当コーディネーターのエリコ・ロウさんだった。エリコさんはネイティブ・アメリカンの取材なども行うジャーナリストだ。スピリチュアルな現象に造詣《ぞうけい》が深く、今回の番組取材には欠かせない人材だった。エリコさんは、事例を探すために、アメリカの子育て相談サイトに書き込んでみてはどうか、と提案してくれた。子どもは、往々にして不思議な発言をする。その中には生まれ変わりを思わせるようなものも多いはず。子どもの奇妙な振る舞いに悩んでいるお母さんたちが少なからずいるはずだ、と言うのだ。それが、ずばり当たった。

生まれ変わりの記憶を話したという少女は、お気に入りの木に登っていた。ワシントン郊外に暮らす、サマンサ・ビダスちゃん、9歳。家の前の大きな木に登り、枝に腰かけて本を読むのが好きだという。撮影しようとした富永カメラマンに気づき、にっこり笑って手を振った。サマンサちゃんは、ITエンジニアの父とカウンセラーの母に育てられている。ピアノが得意で、おしゃべり上手。小学校で、英才児向けの特別教育を受けている。

「ちょっとピアノを弾いてみてくれる？」。こちらの頼みに、うん、とうなずいて、サマンサちゃんがピアノに向かう。弾き始めたピアノの音は、すごく素直で、聞いているこっちも楽しくなるような無邪気さにあふれていた。サマンサちゃんに聞いた。

「ピアノが好きなの？」

「そうよ。音楽は好きよ」

サマンサちゃんの表情がほころぶ。続けて、一番聞きたかったことを聞いた。

「マナキータも、音楽が好きだったのかな？」

一瞬、サマンサちゃんの表情が固まる。

「さあ、どうかな。忘れちゃったわ」

マナキータというのは、サマンサちゃんが話したという前世の人物の名前だ。

彼女の奇妙な言動について、子育てサイトに書き込んだのは母親のジェニーさんだった。ジェニーさんは、初めてサマンサちゃんが不思議な発言をした時のことを、今もはっきりと覚えていた。

「一家で出かけたパーティーから帰ろうとしていた時のことです。夜8時か9時くらいで、サマンサはもう眠そうでした。チャイルドシートに彼女を乗せ、夫が荷物を積み込んでいた時、突然サマンサが叫び出したんです。『パパが死んだ！』って」

「ほんと？」とサマンサちゃんが口を挟む。

「ええ、そう言ったのよ。3歳半だったから覚えていないだろうけど。サマンサは『パパが死んだ、パパが死んだ』としつこく続けました。それで、あなたのパパ、ちゃんとあそこにいて、車に物を積んでいるところじゃない、と言いました。その後3〜4か月、サマンサはいろいろな人に同じことを言うんです。保育所などで、会ったばかりの人にも『パパは死んだ、パパは死んだ』と」

死んだと言われた父親のジェームズさんはこう言う。

「別に狼狽《ろうばい》はしなかったな。自分は確かに生きているのだから」

サマンサちゃんがジェームズさんに尋ねる。

「私の気がおかしくなったと思った？」

「いいや、でもどこからそんな考えが来るのだろうとは思った。これは何かの〝想像ごっこ〟だろうかって。子どもたちはいろいろと思いつきを試すからね」

サマンサちゃんは、前世の父親が亡くなった時の記憶以外にも、前世はマナキータと呼ばれていたこと、兄や姉妹がいたことなどを、母親のジェニーさんに話したという。

「しばらくして彼女は、自分が死んだ時の話を始めました。サマンサを寝かしつけていた時です。彼女が『知ってる？　私が死んだ時、大きな光に包まれたのよ』と言いました」

前世の記憶を話していた時のサマンサちゃんは別人のようだったとジェニーさんが振り返る。

「ある時、彼女はこんなことを言いました。『私がこの家族を選んだのだ』と。『あなたたちの感じが良かったから選んだのよ』と。彼女の口調はすごく冷静で淡々としていて、何と言うか、みんな知っている当たり前の事実を話すような口調でした」

サマンサちゃんが奇妙な言動や振る舞いを見せたのは、3歳半だった2007年8月から、同じ年の12月まで。前世について話したことをすっかり忘れてしまった今では、家族の笑い話になっている。

「サマンサが想像力たくましいのも事実です。とても明敏な子で、創造性がある。注目を浴びるのが好きなところもあります。『パパが死んだ！』といった突拍子もないことを言えば、みんなが注目してくれるのは当たり前ですからね。だから、どこまでが想像で、人の注目を集めようとしているのか。それとも本当に何かあるのか。それがどういうふうに関わっているのかは分かりません」

サマンサちゃんに「前世が存在したら、いいことだと思う?」と聞いてみた。

「うん、そうね。この世の人生が終わって、また次の人生があると思えるのはいいわ。この世で終わりというのはうれしくない」

「ちゃんとこの世でとても長い人生を送るわよ、あなたは」

そう言って、ジェニーさんが苦笑した。サマンサちゃんの不可思議な言動について、ジェニーさんは、子育てサイト〝カレント・マム(いまどきのママ)〟に書き込んだ。すると、予想外の反応が返ってきて驚いたという。同じ悩みが10件以上も寄せられたのだ。

「そういう話を聞いたことがある! とか、私も同じ経験をした家族を知っているとかいうものだったの。他の人たちがそう! そう! という感じで反応してきたのよ」

2009年に書き込んだにもかかわらず、今でも反応があるという。サイトをのぞくと、子どもの不可思議な言動に関する母親たちの報告が数多くつづられていた。

【サイトへの書き込み】

∨私も、似たような会話を娘としたことがあります。娘がちょうど4歳になったころから始まりました。彼女は「もう一人の母親」について、私に語りました。それは私のことかしらと尋ねると、彼女は笑い、こう言いました。「いいえ、ママ。あなたはまだ生まれてもいなかったわ」と言いました。娘が語ったその内容だけでなく、それを語った時の彼女の物腰全体が私を驚かせました。娘より、ずっと年齢が上の人と話しているような気がしたのです。

∨私の息子が1歳半か2歳のころ、私たち一家は、住んでいる町の川にかかった橋を、自動車で渡っていました。すると息子が突然川のほうを指差し、「お姉ちゃんが死んだ！」と繰り返し言うのです。合理的ではない話だと思っています。息子は12歳になりました。もう前世の記憶が浮かんでくることはないでしょう。

∨私も似たような経験をしました。息子が、自分が大きかったころはこういうことをした、というようなことを急に言い出したのです。その時は、息子の様子が変わり、まるで別人のようになります。この間は、息子が私のいたポーチに出てきて向かいに座り、深刻な表情を浮かべながら、「いいかい、話し合う必要がある、君を何て呼べばいい?」と言ったのです。私が、「何を言っているの?」と言うと、彼は「君に言わないといけない話がある」と言いました。そして息子が語ったのは、〝本当の母親〟と住んでいた時の話で、その〝本当の母親〟がどこにいるのかと私に尋ねたのです。大声で泣き出したい気持ちになりました。そしてインターネットで何か説明になることを探して、前世の記憶という可能性を見つけたのです。

サマンサちゃんの母親、ジェニーさんは、パソコンのモニターをのぞき込みながら話してくれた。

「サマンサは、孤立した事例ではなかったようです。同じような体験を抱えながら、そのことを他の人に話すのを躊躇《ちゅうちょ》している人がたくさんいるみたい。頭がおかしいと思われたくないですからね」

生まれ変わりの研究に生涯を捧《ささ》げた科学者

不可思議な生まれ変わりの現象。その研究に生涯を捧げる科学者たちがいる。アメリカのバージニア大学は、アメリカ合衆国の独立宣言を起草したトマス・ジェファソン第3代大統領が創立した名門大学である。歴史を感じさせる白亜の学び舎《や》と緑の芝生が美しいキャンパスは、世界遺産にも登録されている。この大学に、生まれ変わりの研究で世界に名高い研究室がある。バージニア大学医学部知覚研究室だ。乾式複写の発明者チェスター・カールソンの資金提供を受けて設立され、50年にわたり、生まれ変わりの研究を行ってきた。長年の研究で蓄積された研究成果は、超常現象に懐疑的な科学者たちからも一目置かれる内容だという。取材を依頼すると、快く受け入れてくれた。

研究室を訪ねる前日。取材班はバージニア大学の近くで、ある人物と夕食を共にする約束をした。待ち合わせ場所の食堂は学生に人気の店らしく、平日の夜なのに人であふれかえっていた。満席かなと思いながら店内をキョロキョロ見回すと、入り口脇《わき》のテーブルで手を振る人がいた。中部大学教授の大門正幸《おおかどまさゆき》博士である。丸いフレームの眼鏡と口ひげがよく似合う、穏やかな風貌《ふうぼう》の研究者だ。我々が取材で訪ねた時期に、ちょうどバージニア大学に客員教授として滞在していた。生まれ変わり研究の概要や最新の研究状況を教えてほしいという要望に、忙しい研究生活の合間をぬって時間を作ってくれたのだった。

何はともあれ、まずは、料理を注文する。地元のビールと、看板メニューだというハンバーガー。アメリカと言えば、やっぱりハンバーガーだ。みずみずしい野菜とこんがり焼いたビーフパテを挟んだだけのシンプルなハンバーガーだったが、かぶりついた瞬間に、肉と野菜の飾りのないうまさが勢いよく口に広がる。単純に、食べる喜びをかみしめさせてくれるようなうまさだった。夜を明かす学生たちの猥雑《わいざつ》なざわめきが、料理をおいしくするスパイスに聞こえる。そんな食事を共にしながら、大門博士に話を聞いた。

博士によると、生まれ変わりのような、いわゆる超常現象に関する研究を、「オカルト」と称して一蹴《いっしゅう》する人は科学者の中にも少なくないという。しかし、本来、科学で問うてはいけない疑問などない。大切なのは、主張の根拠となる証拠を吟味し、判断すること。その意味で、バージニア大学の生まれ変わり研究は、科学的に調査する価値が十分にあると語る。博士は、意識の謎《なぞ》を解く手がかりとして、生まれ変わり現象の解明を目指すという。少し熱を帯びたその口ぶりから、真摯《しんし》な研究姿勢がひしひしと伝わってくる。

改めて、バージニア大学の研究について確認した。知覚研究室を設立したのは、イアン・スティーブンソン博士。２００７年に亡くなるまで、生まれ変わりの事例調査に生涯を捧げた研究者だ。スティーブンソン博士は、カナダのマギル大学医学部を首席で卒業した後、39歳という若さでバージニア大学精神科の主任教授に就任。1967年にカールソンの資金提供を受けて人格研究室（2006年に知覚研究室と改名）を立ち上げ、生まれ変わり研究に専念するようになった。その研究は、前世の記憶を持つという子どもたちへの聞き取り調査が基本で、バージニア大学の研究者たちは、40か国以上で事例を収集し、これまでに2500例以上を研究。その成果は権威ある医学誌でたびたび紹介され、大きな反響を巻き起こしてきた。その一つ、『神経・精神病学誌（Journal of Nervous and Mental Disease）』では、スティーブンソン博士について〝几帳面《きちょうめん》で、注意深く、慎重〟と評価しつつ、次のように指摘した。

〝巨大な誤りを犯しているか、あるいは20世紀のガリレオと呼ばれるようになるか、どちらかであろう〟

大門博士は、「そもそもスティーブンソン博士が生まれ変わりの研究を始めた大きなきっかけの一つは日本人の事例なんですよ」と言う。スティーブンソン博士が本格的に生まれ変わりの研究に進むきっかけとなったのは、1958年にアメリカ心霊研究協会（ASPR）が募集した懸賞論文への応募だった。博士は、世界中の前世の記憶を持つ子どもたちの記録を分類して見事に入選。その中で紹介された事例の一つが、江戸時代の「勝五郎」の記録だったのだ。実は、勝五郎の記録は、小泉八雲（ラフカディオ・ハーン）によって海外に紹介されていた。それがスティーブンソン博士の目に留まり、生まれ変わり研究が行われる端緒となったのだ。

日本とバージニア大学の不思議な縁。その縁をたぐるかのように、大門博士と、我々取材班はバージニアにやってきた。大門博士は、バージニア大学に関するさまざまな情報を、余すところなく教えてくれた。

翌日。取材で訪れた知覚研究室は、独特の落ち着いた空気に満ちていた。特定のテーマを長年こつこつと追いかけてきた研究室だけが持つ雰囲気だ。例えば、図書館の書庫のような、あるいは博物館のバックヤードのような。奥の部屋からジム・タッカー博士が現れた時、独自の世界観を感じさせる柔らかな物腰が、研究室の雰囲気にすごくなじんで見えた。つるりとした頭の形がとてもきれいで、眼鏡の奥の静かな瞳《ひとみ》が印象に残る研究者だった。

研究室には、生まれ変わり現象の研究を創始したスティーブンソン博士の調査風景を捉《とら》えた写真が何枚も飾ってあった。調査で訪れた国で、真剣な表情でメモをとる顔、ズボンの裾《すそ》を上げ川に入って笑っている顔……。生き生きとした様子で実地調査を行う科学者の表情は、「前世の記憶の研究がどれだけ面白いか。ほら、君もやってみれば分かるよ」と語りかけてくるような魅力的なものだった。写真を見ながら、タッカー博士が懐《なつ》かしそうにつぶやく。

「先生は前世の記憶に真剣に取り組んだ初めての研究者です。探究心が強く、決して諦《あきら》めない人でした」

タッカー博士は、亡くなったスティーブンソン博士の研究を引き継いだ研究者である。それは、50年にわたる研究で蓄積された、2500を超える膨大な事例を引き継いだということでもある。研究室には引き出し式の書類ロッカーがいくつも設置してあった。中には収集した事例についてまとめた手書きのファイルがきちんと整理されている。データ化も進めているということだが、アナログな調査ファイルの束からは、こつこつと事例を収集してきた研究室の歩みが感じられて、頭が下がる思いだった。

収集された事例は、研究室が定めた一定の基準をクリアしたものばかりだ。前世の記憶を持つという人物が、前世と思われる人格がなじんでいた人物や物品を再認すること。または、前世の人格と一致しそうな特徴的な行動を示すこと（例えば、前世の人格が射殺された場合には銃器に対する恐怖症など）。または、前世の記憶を発言した事実が少なくとも一人の成人（例えば親や年長の兄弟姉妹）によって裏付けられることなど、6項目の条件のうち二つ以上を満たしたものだけが資料として保管される。加えて、一見前世の記憶のように見える現象でも、〝捏造《ねつぞう》〟〝思い込み〟による、誤ったケースという可能性はないか、細心の注意をはらって区別しているという。

そうして蓄積された前世の記憶を語る子どもたちの事例から、ある共通点が浮かび上がってきたとタッカー博士が説明する。

「多くの子どもたちは、幼いころに前世のことを話し始めます。平均年齢は生後35か月、だいたい2歳から3歳のころです。そのほとんどが、6歳から7歳で話すのをやめ、普通の人生を歩むようになります」

さらに、不思議な共通点もあるという。

「なぜか賢い子が多く、知能テストのスコアが高い傾向があります」

これまで、前世の記憶を語る子どもの事例は、南極を除く全《すべ》ての大陸で報告されていると言う。その中には日本のものもあった。タッカー博士がファイルを開く。

「これは、日本の事例です。この少年は地球儀を指差して、イギリスのエディンバラに住んでいたと言ったのです」

「エディンバラに住んでいた」という日本の少年

エディンバラに住んでいたという少年は、〝とも君〟と呼ばれる、目元の涼しい落ち着いた雰囲気の男の子だった。今は数学を得意とし、全国でも有数の進学校に通う14歳だ。とも君は、3歳から7歳まで、前世の記憶を話していたという。その時のことを覚えているか、聞いてみた。

――前世の話をしていた記憶は？

「全く覚えてないです」

――全く覚えていない？

「はい。なぜそんなことを言ったのか、逆に僕のほうが気になります」

とも君の奇妙な発言や行動を見守ってきたのが、母親の実加さんだ。ベビーカーにとも君を乗せて地元の算数教室へ連れていき、数字の書き方を初めて教わった時に、それは起こったという。よほど驚いたのだろう、その時のプリントを今も保管していた。プリントは、お手本の1、2、3、4……と並ぶ数字の下に、同じように書き写して数字を覚えるためのもの。しかしとも君は、並んだ数字の下に、全く異なる数字を書いた。実加さんが指差す。

「2が4、3が9、4が16で5が25。いきなり二乗の数をタッタッタッて書いた。数字も書けないはずなのに」

数字を教わる前に、とも君は二乗の数をすらすら書いたという。

「どうしてそんなに数字が好きなのって聞いたら『ナンバー・イズ・ベリー・ビューティフル』って言ったんです。えっ？　って聞き返したら、『数字はきれい』って」

実加さんは英語が話せるわけではない。とも君が英語に親しむ環境もないはずだ。それなのに突然英語を話した。それもネイティブ・スピーカーが話す流暢《りゅうちょう》な英語の発音に聞こえたという実加さん。思わず「この子は誰？」と戸惑ったという。実加さんは、とも君の成長を見守りながら育児日記を記してきた。日記を見せてもらうと、前世の記憶に関係しそうな振る舞いは、とも君が生まれた直後から起きていたようだ。

●0歳11か月。コマーシャルで見た〝AJINOMOTO〟〝COSMO〟といったアルファベットに大変な興味を示す。

●2歳のころ。テレビドラマの主題歌だった『トップ・オブ・ザ・ワールド』（カーペンターズ）を、教えてもいないのにテレビに合わせて歌い出す。

●同じころ。平仮名より先にアルファベットを覚えて自分の名前を「tomo」とつづる。

とも君がイギリスでの前世の記憶を明確に話し始めたのは、3歳の時だったという。

その時のことを、実加さんは今も鮮明に覚えている。

「ある晩、寝かしつけている時に、にんにくをむきたいって言い出したんです。次の日に、にんにくを用意したら、『足りない。もっとむきたい、もっとむきたい』って。どんどんむいていって、最終的にかごがいっぱいになってしまいました」

ふだんは右利《き》きのとも君が、左手を使って器用に、にんにくを分解していったという。驚いた実加さんは写真を撮った。その写真を見ると、確かに、ざるに山盛りのにんにくが積んである。その時の、とも君との会話が育児日記に記されている。

突然「にんにくをむきたい」と言い出す。

私は〝にんにくをむく〟の意味が分からず、

「なんでそんなことしたいの?」と聞くと、

「とも君って呼ばれる前にしたことがある」と言う。

「え?　どういうこと?」

「とも君って呼ばれる前は、イギリスのお料理屋さんの子どもやった」

「いつ生まれたん?」

「1988年8月9日に生まれてゲ〇〇〇って呼ばれてた。7階建ての建物に住んでた」

「前のとも君はどこにいるの？」

「45度くらいの高熱が出て、死んでしまった」

〝ゲ○○○〟というのは前世の人物の名前らしい。その後の発言から、〝ゲイリース〟という名前だったようだと実加さんは考えている。

さらに同じころ、近所のホームセンターに出かけた時にも、地球儀が並んだ売り場で奇妙な振る舞いを見せたという。やはり、育児日記に記されている。

地球儀で「とも君この辺に住んでた」とイギリスの上方を指す。教えもしないのに…

町の名　イダンビヨ　イデンビア
とも君が発した町の名前は、流暢な発音に聞こえて、実加さんにははっきりと聞き取れなかったらしい。ただ、とも君が指差した場所、発音した町の名前（イダンビヨ？　イデンビア？）から、エディンバラではないかと考えたそうだ。

とも君の前世に関する発言は多くの項目にわたった。育児日記を見ると、「ジョン」という名の犬を飼っていたことや、「スイメンリィ」という名の友達がいたこと、「EMD」という薬を飲んでいたこと、「チリコンカーン」という料理名を口にしたこと、1997年10月24日か25日に9歳で亡くなったことなどを話していたようだ。

母親の実加さんは、他の子とは異なるとも君の発言や行動に悩み、不安な毎日を送ったという。医者や研究者を訪ね歩き、自閉症の診断を受けたこともあった。やがて、日本で生まれ変わり現象の事例を調べていた医師の池川明博士や、中部大学の大門正幸博士に出会って、前世の記憶の研究を知ったのだという。

とも君の発言で、実加さんを最も驚かせたことがある。4歳の時、テレビで流れた鉄道事故のニュースをとも君が見た時のことだ。

「そのニュースを見て、『イギリスのサウスオールでも同じような鉄道事故があって、火事で何人か死んだ』と、言ったんです。イギリスのニュースでも、『事故です、事故です』ってやってたって。『僕が死ぬ少し前』だと」

調べてみると、サウスオールの鉄道事故は実在した。その時期について、とも君は、前世の人物が亡くなった1997年10月の少し前の出来事だと話したという。サウスオールの鉄道事故が起きたのは、1997年9月19日。事故の発生時期も一致した。

実加さんは、とも君に尋ねている。

「なんでそんなにイギリスのことを言うのって聞いた時、『お母さんに会いたい』と言って泣いていました。イギリスのお母さんに会いたいって」

変ですよね、実のお母さんは私やのにね、と言って笑った実加さん。とも君の様子をずっと見守ってきたが、今も、生まれ変わりがあるかどうかは分からないと言う。取材を受けることもずっと躊躇していた。ただ、不可思議な現象が起きたのは事実だと考えている。同じような経験をしている親たちがいるならば、自分がそうだったように、すごく悩んでいるはずだ。そういう親たちのために少しでも役に立てばいいと考えて取材を受けたという。

やがて、とも君の記憶は徐々に薄れていく。14歳になった今は、全く覚えていないという。ただし、変わらないこともある。得意科目の数学だ。「ナンバー・イズ・ベリー・ビューティフル」と言っていたらしいことについて、とも君自身に尋ねてみた。

――今でも、数字は美しいと思うの？

「なんか知らない間に好きになっていたというか、たった10個の数でいろんなものを表せる数字は、確かに美しいと思います」

自分で答えを出していくのが好きだという、とも君。なぜ自分は前世の記憶を話したのか、知りたいと考えている。

前世の記憶は、科学で解明できるのか

前世の記憶は、本当に存在するのか。それとも、別の理由で説明できるのか。コーネル大学は、ハーバード大学やプリンストン大学などアメリカ東海岸の有力大学で構成された「アイビー・リーグ」に名を連ねる名門大学である。発達心理学のスティーブン・セシ博士は、人間の記憶を研究する専門家だ。裁判などで意見を求められる機会も多く、高い信頼を得ている。

セシ博士は、子どもの記憶にまつわる、ある興味深い実験を行っている。実験は、最初に、絶対にありえない〝うそ〟の出来事について、子どもに尋ねることから始まる。子どもたちは、最初は否定する。しかし、繰り返し同じことを尋ねられると、徐々に変化を見せていくという。その記録映像をセシ博士が見せてくれた。

「この子どもは4歳です。質問者が『ネズミ捕りに指が挟まって病院で外してもらったことがある？』と初めて聞いた時、この子は『ないよ。家にはネズミ捕りなんかないし、病院にも行ったことがない』と答えました。それが最初の答えです。しかし、その後、毎週研究室に来てもらって『よく考えてごらん。ネズミ捕りに指が挟まって

病院に行ったことがある?』と尋ねると、質問するたびに、この子はそういうことが実際に起きたと確信するようになっていったのです。これは、10週目の映像です」

映像には、ソファに腰かけた幼い男の子と、椅子《いす》に座って質問する研究者の女性が映っている。『あなたはネズミ捕りに指が挟まって病院に行きました』。これは本当に起きたこと?」と研究者が尋ねる。男の子は「うん」と答える。研究者は質問を続ける。

「本当? どんな気持ちだった?」

「大変だった」

「大変だった? 痛かった?」

「うん」

「誰が病院へ連れていってくれたの?」

「パパとママとお兄ちゃん。みんなが僕を病院へ連れていってくれたの」

「病院ではどんなことがあったの?」

「包帯を巻かれた」

「ネズミ捕りはどこにあったの?」

「家の中。地下室にあるよ。地下室に行って『パパ、お昼ご飯が食べたい』って言って、それからネズミ捕りに挟まったの」

「どうしてあなたの指の近くにネズミ捕りがあったの？」

「コリン（兄）が僕を押したから」

セシ博士が説明したとおり、男の子の家にはネズミ捕りはない。病院にも行っていないし、兄とケンカもしていない。しかし、実際に体験したかのような詳細な記憶を作り出したという。セシ博士は他にも、「飛行機に乗ったら女性がワニにリンゴを与えていた」などの話で、およそ１００人の子どもたちに同じような実験を行った。どの子どもも、何もないところから偽のストーリーを組み上げたと言う。

「子どもは、生まれてから2年間くらいは〝幼児期健忘〟と呼ばれる時期に当たり、詳細な記憶を持てません。そしてその後、徐々に記憶を形成していきます。そのころ、同じ話を何度も聞くと、それを実際に経験したと思い込むのです」

子どもが作る、偽りの記憶。これこそが、前世の記憶の正体だとセシ博士は考えている。

「子どもに対して親は、どんな話を読み聞かせたのか、どんなテレビ番組を見せたのか、意外なほど忘れてしまっています。そして子どもはさまざまな記憶を混同します。それが前世の記憶なのでしょう」

前世の記憶は子どもの作り話だ。セシ博士は断言した。

前世の人物が特定されたという事例

しかし、偽りの記憶では、とも君が話したサウスオールの列車事故のような、前世の記憶の発言が過去の事実と一致したことまでは説明できない。さらにバージニア大学には、偽りの記憶では説明のつかないより複雑な事例が他にも存在するという。タッカー博士が、あるファイルを見せてくれた。

「これはライアンという少年の事例です。非常に興味深いケースです。この少年は、前世の人物の写真を指差して特定しました」

前世の人物が特定されたという事例。その少年は、アメリカ・オクラホマ州でごく普通の家庭に暮らしていた。1年前まで、前世の記憶を話していたというライアン君、9歳。日本の『ポケットモンスター』や『ピクミン』というゲームが好きだという。礼儀正しい男の子だが、時折、冷めたような大人びた眼差《まなざ》しを見せるのが印象的だった。一方で、頑張って背筋を伸ばして座ろうとしている様子など、大人のように振舞おうとしている雰囲気もあった。ライアン君に尋ねてみる。

――(前世のことを)何か覚えてる?

「心の、ずっとずっと奥のほうにね」

両手を胸に当てて、ライアン君は答えた。母親のシンディさんに話を聞く。

「ライアンが4歳か5歳だったかしら。悪い夢を見て、週に3～4回も夜中に目を覚ますようになってしまって。ある夜、ライアンを寝かしつけていると『実は僕は、昔は別の人間だったんだ』と話し始めたのです」

ライアン君が繰り返し語ったという前世の記憶。その内容は次のようなものだ。


ニューヨークで踊っていた／ハリウッドに住んでいた／事務所を経営していた／母親はくせ毛だった／結婚して養女がいた／住所に「ロック」か「マウント」が入っていた／プール付きの大きな家に住んでいた／ファイブ上院議員に会ったなど

仕事から家族のことまで、多岐にわたる詳細なものだった。シンディさんは、4年にわたって、ライアン君の発言を記録し続けた。その記録は膨大な量になり、200項目以上の前世に関する発言が確認された。シンディさんは言う。

「聞いたこともないような言葉を使うんです。どうやって覚えたのか見当もつかないような。この子には知りようのない時代の話をしました。とてもこまごまとしていましたし、それにいつも同じことを言うんです。もしそれが作り話なら、何度も同じ話を繰り返すのは小さい子どもには無理です。ライアンが話すことは正確に同じなんです。同じようなこまごまとした事柄、同じ人物、同じ名前の話をするんです」

シンディさんも、不可思議な発言や振る舞いを見せるライアン君の様子に悩み、強い不安を感じたという。そんなシンディさんに、ライアン君の発言を記録するように勧めたのは、警察官の父親、ケビンさんだった。

「ライアンが夜眠れず泣いていることも、ライアンを困らせている何かが起こっているようだとも気づいていました。シンディが困惑していたことを覚えています。私はシンディに言いました。ノートを用意して日誌をつけなさい。日付や時間もちゃんと記入して、捜査のつもりで記録するのだと」

警察官になって15年以上になるケビンさんは、キャリアの半分を捜査官として過ごしてきた。ケビンさんがシンディさんに記録を勧めたのは、ライアン君の話を前世の記憶だと信じたからではない。ある直感から、ライアン君の話を真剣に聞こうと決めたのだった。

「人がうそを言っている、逆に真実を言っている、あるいは真実を言っていると信じ

ている、それが私には分かります。ライアンと少し話しましたが、私に言っているこ
と全てを、ライアンは真実だと思っていました。だから、真剣に受け止めました。多
くの人が信じず、ばかにしたり、意地悪なコメントをしたりしますが、私は気にしな
いようにしています。そもそも、人生で起こること全てを説明できる人なんていない
のですから」

前世の記憶を真剣に訴え、苦しんでいるライアン君の話を、両親は頭ごなしに否定
せず、しっかりと受け止めることに決めたという。そもそも、ライアン君が話す前世
の人物は、本当に実在するのか。母親のシンディさんは、ライアン君が前世に住んで
いたというハリウッドの資料を集めては、ライアン君に見せるという作業を何か月も
続けた。そんなある日、映画に関する本を見せていた時、突然、ライアン君が興奮し
て叫んだという。

「ママ、ママ、やったね、僕を見つけたよ！　これが僕だよ！」
ライアン君は、古い白黒映画の端役《はやく》の一人を指差した。
同じころ、シンディさんはバージニア大学の研究を知り、タッカー博士に連絡をと
った。ライアン君に関心を持ったタッカー博士は、さっそく調査に乗り出す。しかし、
調査は困難を極めた。

ライアン君が反応した映画のタイトルは『Night After Night』（１９３２年）だったが、「これが僕だよ！」と指差したのは、名も無き端役の男。１９３０年代のハリウッドの映画界にいた、この男は誰か。調査を始めてから半年後。ハリウッドの図書館で、ようやくその人物が特定された。同じ写真が発見され、名前が記されていたのだ。男の名は、マーティ・マーティン。１９６４年に亡くなっていた。

ここで、母親のシンディさんが書きためた膨大な記録が役に立つことになった。ライアン君が前世の記憶だと言った発言は、本当に正しいのか。マーティ・マーティンの人生をたどり、ライアン君の発言と一致するかどうか、検証することができるからだ。

写真の男の身元が分かってまず、ニューヨークで踊っていたことや、その後ハリウッドでタレント事務所を経営していたことなど、複数の発言が一致した。さらに詳細な調査を行うため、タッカー博士とライアン一家はハリウッドを訪ねて、遺族に会って話を聞いた。母親がくせ毛だったこと。結婚して養女がいたこと。家族しか知らないような情報も一致した。さらに、「ロック」か「マウント」という言葉が入っていたという住所。ロックスバリーという高級住宅街の、プール付きの豪邸に住んでいた時期があることも確認でき、一致した。知り合いにファイブ上院議員がいたという発言についても、発音の似たアイブズ上院議員という人物と懇意にしていたことも分かった。

調査の結果は、驚くべきものだった。ライアン君の発言と、マーティ・マーティンの人生には、数多くの共通点があることが分かったのだ。

船で世界を旅した／豪華客船できれいな女性と踊った／タップダンスを踊った／映画で共演したカウボーイの俳優と友達／友達の俳優がタバコのCMに出演／セオドア・ルーズベルト大統領を支持／子どもに塗り絵の本をよく与えた／養女のために犬を飼った／よく浜辺に恋人を連れていった／サーフィンを眺めるのが好き／家にはレンガの壁／ピアノを所有／メイドを雇っていた／中国料理を好んだ／ネコが嫌い／ブルーベリーが大好き　など

一致した項目の数は54に上る。ライアン君は、229項目の前世に関する発言を行っていたが、およそ50年前に亡くなった人物について、知っている人がほとんどいなくなり、遺品の類《たぐ》いも失われた今では、161項目については調査できなかった。調査が可能だった項目は68に上るが、そのうち実に54の項目が一致した。タッカー博士は、かなり高い数値だと言う。ライアン君と前世の人物のつながりを示す強い証拠だと確信していた。

こうしたケースはライアン君だけではない。子どもの発言と一致する人物が特定されたという事例は、世界35か国で報告されているとタッカー博士は言う。そこには、興味深い事例がたくさん含まれている。物心つく前からトラックを異常に怖がった子どもは、前世の人物がトラックにひかれて亡くなっていたという。ある男の子は、成長してから、前世の人物の妻だった女性と結婚したという。タッカー博士によると、子どもが語る前世の記憶と25項目以上が一致した事例は44例。さらに、バージニア大学が集めた事例の中には、前世の記憶である信憑性《しんぴょうせい》がより高いとして注目されるものが、まだ存在するのだ。

ある前世の記憶を語る子どもに、特徴的な母斑《ぼはん》があり、その前世と思われる人物にも、子どもの母斑と一致する創傷が確認された事例である。例えば、前世で頭を撃たれたという男の子。小さな丸いあざが後頭部に、大きくていびつなあざが額にあった。前世と思われる人物が特定されると、後頭部から銃で撃たれて亡くなったことが分かった。その後頭部の射入口と、額の射出口の傷が、少年のあざとはっきり一致したという。他にも、刺し殺された人物の検死記録に残された傷と、それに一致するあざを持った女の子。機械で右手の指を切断してしまった人物と、それに一致するように生まれつき右手の指が短い男の子。母斑を持つ子どもたちの事例は、生まれ変わりのような不可思議な現象が、確かにこの世界に存在するという大きな説得力を持っているとタッカー博士は言う。

「これは強力な証拠です。生まれ変わりは、単なる記憶に頼っているのではなく、前世とのつながりを示す確かな証拠なのです」

バージニア大学で、イアン・スティーブンソン博士が創始した、生まれ変わり研究。巨大な誤りか、20世紀のガリレオか。まだ、その答えは出ていない。その研究を引き継いだタッカー博士は、こう語った。

「これらの事例を研究していく中で、我々は確信していきました。この世界には単なる物理法則を超えるものがあるのだと。そして物理世界とは別の空間に〝意識〟の要素が存在するのだと。意識は単に脳に植えつけられたものではないのです。おそらく宇宙全般を見る際に、全く別の理解が必要になってくるでしょう。現在の宇宙観は宇宙を単なる物理的なものとし、物質的なもの以外は存在しないとしています。しかしそれらの見方を考え直し、常識とは異なる方法で見る必要があります」

未来へ——意識の科学

現代科学では説明できない生まれ変わりの事例。もちろん、生まれ変わり以外の説明を試みる科学者もいる。偶然の一致であるという統計学的解釈や、子どもが育った文化的背景の影響（例えば輪廻《りんね》転生の教えが強いアジアの地域の事例）と考えるものなどだ。

しかし一方で、この不思議な生まれ変わり現象でさえ、科学で説明できないかと模索する科学者たちもいる。そこで注目されるのが、〝意識の科学〟と呼ばれる研究だ。20世紀を代表する天才物理学者の一人、イギリスのロジャー・ペンローズ博士とともに研究を行った科学者に、スチュアート・ハメロフ博士がいる。ハメロフ博士は、アメリカのアリゾナ大学で意識研究センター所長を務めている。

博士は、生まれ変わりや臨死体験について、ある仮説を唱えている。脳で生まれる意識は、この世界の最も小さな物質よりさらに小さな存在だという。その意識は、重力や時間、空間にとらわれない性質を持ち、人間の脳を出入りすることがあるとハメロフ博士は言うのだ。

「人が普通に生きている状態では〝意識〟は脳の中に納まっています。しかし、心臓が止まると、意識は宇宙に拡散します。患者が蘇生《そせい》した場合、それは体の中に戻り、臨死体験をしたと言うでしょう。しかし、患者が蘇生しなければ、その情報は宇宙の中にあり続けるか、別の生命体と結びついて、生まれ変わるのかもしれません。証明できてはいませんが、ありうるメカニズムだと思います。私たちはみんな宇宙を通してつながっていると考えられるのです」

全く荒唐無稽《こうとうむけい》な説に聞こえる。実際、今はこの仮説に反対する科学者がほとんどだ。しかし、これまでになかった新しい考え方は、初めは全く受け入れられなかった歴史がある。16世紀にコペルニクスが唱えた地動説もそうだった。当時の人々にとっては、地球が動くなんて考えも、相当、荒唐無稽だっただろう。大切なことは、不可思議なことに蓋《ふた》をすることではなく、あくまでも真実を求める姿勢なのではないだろうか。

SPRのメンバーだった、心理学者のユングの言葉がある。

「私は、自分で説明できないもの全てをインチキと見なすという、昨今の愚かしい風潮に与《くみ》することはしない」

謎が、未来の科学の扉を開くかもしれない。超常現象の研究は、その可能性を秘めているのだ。

超常現象の渦中にあった者たち

イギリスのエディンバラに住んでいたという前世の記憶を語った日本の少年、とも君。彼が7歳の時、母親の実加さんは大きな決断を下した。かつて暮らしたという異国の町へ、父親との二人旅に送り出したのだ。その時の映像記録が残っている。エディンバラを見晴らす丘の上で、優しそうな父親の声が聞こえる。

「とも君の家はどこでしょうか。結構、大きな町です」

映像には、列車やバスに乗ってエディンバラの町をぐるぐる巡るとも君の姿がある。何か記憶に引っかかるものがないか、ひたすら探すその表情は真剣だ。旅のさなか、明け方にとも君が突然起き出して、父親に訴えたという。

「ドクンときた。お母さんが近くにいる」

親子は、4日間、町を歩いた。前世の手がかりは、結局、見つからなかった。しかし、とも君にとって大切な旅になった。旅の終わりごろ、映像に映るとも君の表情は、明らかに変化していた。実加さんが言う。

「もう晴れ晴れした顔で帰ってきました。それからあんまり言わなくなりましたね。で、だんだん忘れていったみたい。それはもう、不思議ですよね。説明できませんし」

生まれ変わり現象を研究するバージニア大学。タッカー博士は、研究を創始したスティーブンソン博士より、ある取り組みを受け継いでいる。30年以上にわたる長期の実験だ。タッカー博士が奥の部屋から大切そうに持ち出してきてくれたのは、いくつもの番号を組み合わせてロックする精巧な錠前だった。錠前を開ける暗証番号を知る者は、すでにこの世にいない。この錠前を残していったのは、スティーブンソン博士をはじめ、名だたる研究者たち。暗証番号を設定し、その番号を誰にも教えずにこの世を去った。そう、死後の世界があるならば、この錠前は天国の扉にかかっているのだ。いつか研究が進み、心霊現象や臨死体験、生まれ変わりの謎が科学で解明された時。何らかの方法で、この世界に、死者だけが知る暗証番号が伝わるかもしれない。不可思議な現象に挑む科学者がいる限り、誰かが、この錠前を開ける日が来るかもしれない。

臨死体験を研究する医師のジェフリー・ロング博士は言う。

「宇宙では、私たちが知るよりはるかに多くのことが起きています。この惑星に住む全ての人は、自らの無知について、謙虚になるべきなのかもしれません」

そして、SPRのメンバーであり、超心理学者のキャル・クーパー。

「まだまだ分からないことはたくさんあります。でも、だからこそ面白いのです。新しい発見を生み出す可能性があるからです。新たな発見は、人類に大きな喜びを与えてくれるはずです」

——魂や死後の世界は存在するか。

この取材を始めるまで、僕は存在しないと考えてきた。しかし、取材を終えた今は、不可思議な現象は存在すると素直に思う。取材を通じて、こんな大きな発見があったからだ。

「この世界は、多くの謎に満ちている」

これまでの僕は、夜でも昼間のように明るい蛍光灯の世界で、テレビの天気予報を見ながら、世界の大部分を分かったつもりになっていた。分からないことがあっても、インターネットにあふれる情報に答えがあるだろう。きっと無意識に、そんな気分に支配されていた。しかし、「常識では説明できない不可思議な現象がある。その謎に挑むことが科学の新たな扉を開く」、そう信じる科学者たちの挑戦は、ネットでは検索できない世界の奥深さを垣間見《かいまみ》させてくれた。

今の僕は、不可思議な現象を、もっともっと見てみたい。そこに潜む知られざるメカニズムをもっともっとひもといてみたい。もし幽霊がいて、この書籍を手にとっているのなら、ぜひ会いにきてほしい。ただし、あまり怖くない方法でお願いします。扉はノックしてから入ってきてください。

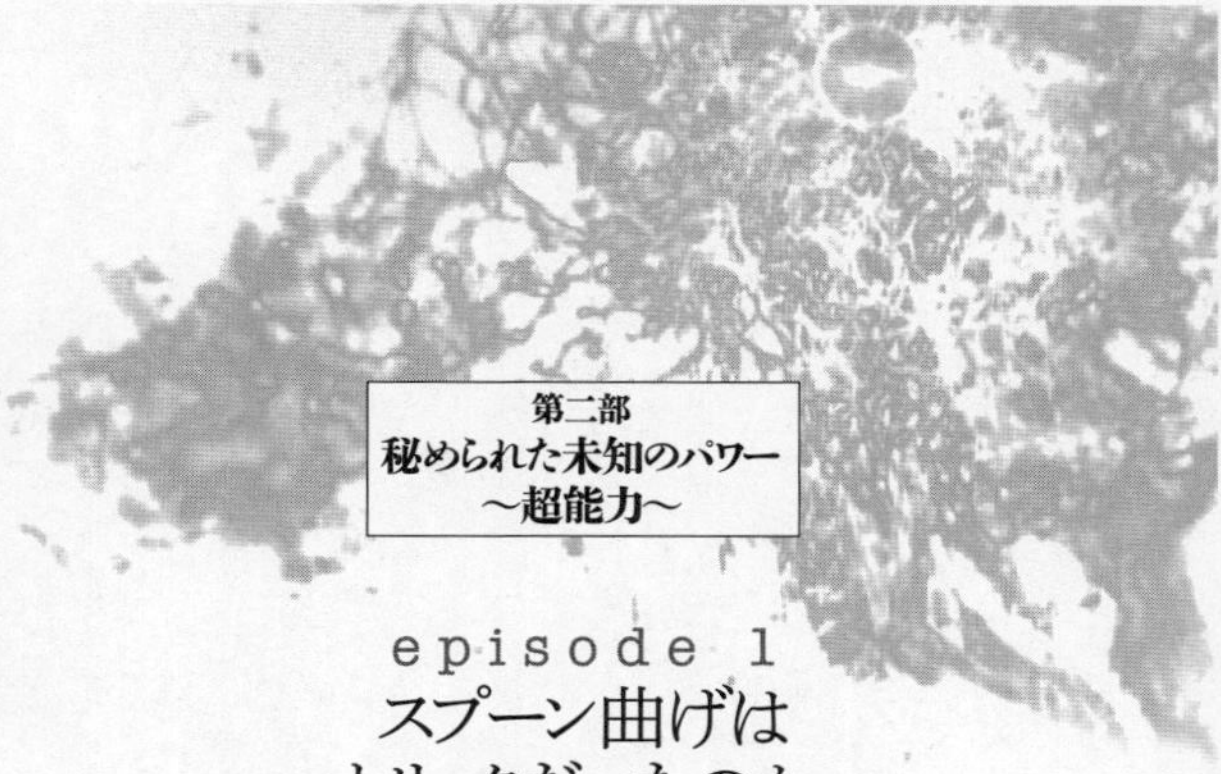

第二部
秘められた未知のパワー
〜超能力〜

episode 1
スプーン曲げは
トリックだったのか

ユリ・ゲラーは今

2013年9月。ロンドンから車で2時間、ソニングという町へ向かう車中、私の心中はあまり穏やかではなかった。なにしろ希代の〝超能力者〟、ユリ・ゲラーの取材にこれから行くのだ。超能力に全く関心がない人でも、ユリ・ゲラーと言えば即座に「ああ、あの人ね」という答えが返ってくる。それほどの有名人である。まして1974年、日本のテレビに初登場したころに多感な少年少女だった人の中には、スプーン曲げを試してみたり、壊れた時計を持ってテレビの前にかじりついたりしたという人も大勢いるだろう。そして〝やってみたらできた！〟という思い出を持つ人もいるに違いない。

私たちは数か月にわたるメールのやりとりで、ようやく今日の取材にこぎ着けていた。ゲラーがマネージャーを通して提示してきたのは「インタビューだけ、2時間」という条件。メールには「調子が良ければ、ゲラーは喜んで自分を有名にした〝能力〟を見せてくれるだろう。しかし100パーセントの保証はできない。また、科学的な検証は一切受け付けない」というマネージャーからのメッセージも添えられていた。

今回の番組のテーマは、「超常現象」という不可思議な世界に挑む科学の姿だ。トリックではないかという疑惑がつきまとってきたユリ・ゲラーをNHKが取材するからには、その意義が厳しく問われる。NHKがユリ・ゲラーを取材するのは、私が確認した限りでは初めてのことだった。

「ゲラーが何らかの検証実験に応じてくれないだろうか」

私はかすかな望みを抱き、あらゆる状況を頭の中でシミュレーションしていた。そして「こちら側が準備したスプーンを曲げてもらうこと」を最低限の目標にしていた。そのスプーンは、強度が十分あることを確かめてあり、すり替えができないように柄に数字が刻印されている。もしも、これを曲げる様子をさまざまな角度から撮影できれば、ある程度の信憑性《しんぴょうせい》が得られ、後日、映像を基にした科学的解析ができるかもしれないと考えていたのだ。

「どうしたらその目標を実現させることができるのか……」

車外に広がる牧歌的な風景をぼんやりと眺めながら、私は頭の中で試行錯誤を繰り返した。

ここで、ユリ・ゲラーの近況を記しておこう。彼は2013年末の時点で67歳。かつてほどではないだろうが、今も自らの〝能力〟を見せるショーを世界中で披露し、時折、日本の民放のバラエティー番組にも姿を見せている。

折しも私たちが取材に向かう直前の7月には、あのイギリス・BBCがユリ・ゲラーについての60分のドキュメンタリーを放映したばかりで、その反響は大きかったと聞いていた。つまり、ユリ・ゲラーは今もバリバリの現役であり、注目を浴び続けていることは確かなようだ。しかも、『The Secret Life of Uri Geller（ユリ・ゲラーの知られざる人生）』と題されたそのドキュメンタリー番組のテーマは、今回私たちがスポットを当てようとしているものとかなりの部分が一致していた。

ゲラーはイスラエル出身だが、もう随分以前からイギリスに豪邸を構えて暮らしている。彼の住むソニングは、閑静な高級住宅地だという。

ようやくユリ・ゲラーの屋敷に着いた。ゆっくりと門が開く。静かに車を邸内に滑り込ませていく瞬間から、もう撮影は始まっていた。この広大な屋敷こそ、ゲラーが築き上げてきた富と名声を象徴しているからだ。聞くところによると、彼はテレビ出演だけでこうした富を得たわけではない。あくまで彼の主張が本当ならばだが、メキシコやブラジルで油田の埋蔵場所を超能力で探り当てたことに対して莫大《ばくだい》な報酬を得たという。

初めて出会うユリ・ゲラー。彼は朗らかに私たちを迎えてくれた。67歳とは思えないほどかくしゃくとしており、目は輝き、若々しい。ジョギングなどの体力作りを毎日欠かさず行っていると聞いた。

「5歳のある日、私はスープを飲もうとしてスプーンを持ち上げました。そうしたら突然曲がって、折れてしまったんです。最初は驚きました。その後、私は人の心を読んだり、時計の針を動かしたりできるようになりました。子どものころから特別な力があったのです」

快調に語り出すゲラー。どうやら機嫌は上々のようだ。インタビューだけで終わるのか、はたまた〝能力〟を見せてくれるのだろうか。

その前に、今回私たちがユリ・ゲラーを番組で取り上げることに踏み切った大きな理由、彼の知られざる過去をひもといてみよう。それは超能力と科学との相克を物語る秘話だ。

スタンフォード研究所の実験

アメリカ・カリフォルニア州のメンローパーク。アップルやグーグルが本社を構えるシリコンバレーの一角をなすこの街に、スタンフォード研究所はある。

ＳＲＩこと、スタンフォード研究所（現ＳＲＩインターナショナル）は、１９４６年、名門スタンフォード大学を母体に設立された研究所だ。１９７０年以降は大学から独立し、全米屈指のシンクタンクとしてその名を馳《は》せている。業務の大半は政府出資による研究開発で、高性能レーダーの開発など軍事関連の極秘研究も数多く行ってきた。コンピューターのマウス、デジタルファックス、インターネットの原型など、今や我々の生活に欠かせないＩＣＴ（情報通信技術）を発明したところでもある。なんとディズニーランドの創設にも関わり、テーマパークというビジネスモデルを発案したのもここだというから驚きだ。

そんな超名門の研究所が、１９７２年、ユリ・ゲラーを科学的に、徹底的に検証するため、彼をアメリカに招いた。ゲラーが多数のテレビ番組に出演してブレイクする直前のことだ。すでにゲラーは、故国イスラエルでは「念力ショー」をステージで披露し有名になっていた。しかし世界的にはそれほど知られてはいなかった。ＳＲＩの招きは彼にとって初めてのアメリカ訪問であり、ゲラーのホームビデオには、喜々としてアメリカ旅行を楽しむ彼の姿が映し出されている。

一体なぜ、一流の研究機関が、ゲラーが持つという超能力の科学的検証に乗り出したのか。どんな実験が行われたのか。超常現象に科学が挑んだ歴史をひもとくうえで、ぜひとも描きたい現場である。しかしスタンフォード研究所からは、にべなく取材拒否の回答。その輝かしい歴史の中では、ゲラーに関する件はあまり触れられたくない過去の話らしい。

物理学者、プットフ博士の証言

それでも、当時のキーマンといえる人物の取材をすることができた。物理学者のハロルド・プットフ博士。ユリ・ゲラーの検証実験に携わった中心人物だ。スタンフォード研究所では、レーザーの物性と応用法を研究し、学会での受賞歴なども多々ある科学者で、現在はテキサス州オースティンにある「先端科学研究所」の所長を務める、現役の研究者である。

この研究所は宇宙飛行用のエネルギーと推進力の新しい方法の研究に専念しており、理論と実験の両面で、画期的な装置の開発を行っている。所内には、つい最近行われた宇宙船研究の国際会議のポスターも貼《は》られており、数名の博士号研究者を抱え、充実した設備を持つ堅実な研究機関といえる。名前は明かせないが、企業からの寄付金で研究費が賄《まかな》われているのだという。未来の、そのまた未来のテクノロジーの研究開発にも資金が行き渡る、アメリカ社会の底力を見たような気がした。いずれにせよ、プットフ博士は今も昔も一目置かれている研究者なのだ。

訪ねてみると、プットフ博士は非常に穏やかな物腰で、ダークスーツに身を固めた紳士だった。もう40年前のことなのだが、当時の状況やゲラーとの実験の様子を淡々と証言してくれた。

「当時、物理学の世界では〝超能力と呼ばれるものは全《すべ》て虚偽でペテンである〟というのが一般的な見方でしたし、私もそう思っていました。超能力に関する記事や雑誌も手にしたことはありませんでした」

ところが、思わぬところからゲラーの能力の科学的な検証をしてくれないかと要請される。諜報《ちょうほう》機関のＣＩＡ（アメリカ中央情報局）である。「ゲラーの能力が本物なのかどうか興味がある。極秘に援助するので確かめてほしい」と持ちかけられたという。

スタンフォード研究所はかねて軍事関連の機密研究を行っており、アメリカ政府とのパイプは太い。さらにゲラーとの連絡を仲介したのは、１９７１年に月面に立った宇宙飛行士、エドガー・ミッチェルだった。彼も超常現象の科学的検証に高い関心を寄せていた。まっとうな筋からの依頼にプットフ博士は断わり切れなかった。

「正直、私は複雑な気持ちでした。ゲラーはあまりにも論争を招きそうな人物だったからです。しかしＣＩＡの要請に同意し、彼を招いてテストすることにしました」

国家の諜報機関であるＣＩＡがなぜ、超能力に興味を持ったのだろうか。それは次のエピソードの内容と密接に関わっており、プットフ博士も再登場することになる。ここでは、ゲラーの検証が実はアメリカ政府の肝煎《きもい》りだったというにとどめ、その実験内容に話題を移そう。

動き出した方位磁針

「EXPERIMENTS WITH URI GELLER（ユリ・ゲラーとの実験）」という古いフィルム映像が残されている。30分ほどの内容で、スタンフォード研究所で行われたユリ・ゲラーとの実験を記録したものだ。インターネットでも見ることができるので興味のある方は探してみてほしい。撮影の予算はＣＩＡが極秘に出資したという。

プットフ博士や同僚の物理学者ラッセル・ターグ、その他にも心理学者などが参加して5週にわたりさまざまな実験が行われた。ゲラーの表情は明るく、時折笑顔も見せているが、実は非常に緊張していたという。当時の状況をこう振り返っている。

「私はこの実験で、自分の能力は本物だと証明したいと思っていました。すごいプレッシャーでしたよ。何といってもアメリカです。そこで認められれば、世界中に認められたようなものですからね」

ゲラー自身、科学による洗礼を受けることが自分が成功するための登竜門だと認識していたのだ。

まず試されたのは「念力」だ。超能力といえば、まず思い浮かべるのが、物を意思の力で曲げたり、動かしたりするこの念力だろう。

透明なテーブルの上に置かれた方位磁針にゲラーが手をかざす。テーブルの真下から撮影された映像を見る限り、手には何も持っていないようだ。彼がこぶしを固めて、念を送るしぐさをすると、方位磁針の針が大きく動いている。

また、おもりを電子秤《ばかり》にのせ、彼が念じると秤の数値が変わる、という実験も行われていた。空気圧が影響しないよう、おもりと秤はカバーで覆《おお》われている。ゲラーが渾身《こんしん》の表情でこぶしを振りかざすと、最大1500ミリグラム、表示が軽くなった。

さらには、手を触れることなく電子機器である磁力計を反応させる実験にも成功していた。さまざまな機器で結果を数値化できる実験に重点が置かれていたようだ。

彼が得意とするスプーン曲げの検証はどうだったのだろうか。プットフ博士たちは、ゲラーが触れることなくスプーンを曲げられるかどうかに注目していた。もしそれができるなら、彼の念力は本物の超能力だと考えたのだ。しかしその実験はうまくいかなかった。ゲラーは研究室の中ではスプーンに触らなければ曲げることができなかった。少し緩い条件の下で、手を触れることを許された時は、研究者たちの目の前で、軽々と何本ものスプーンを曲げてみせたという。

また、ゲラーは大変気まぐれで、おとなしく科学者の言うことを聞くばかりではなかったという。こんな条件ではできないと実験をパスされたり、もう１回やってほしいと言っても断わられたりするケースも多々あった。

科学の大原則として、厳密に管理された実験条件の下で行われることはもちろんだが、何度実験しても同じ結果が出ること、いわゆる〝再現性〟が強く求められている。超能力を科学的探究の対象としようとする時、必ず壁となるのがこの問題だ。被験者の調子に左右され、安定した結果が出せないことは、立場を変えれば単なる言い訳にすぎず、科学的ではない、有意な結果ではないと見なされるからである。

プットフ博士たちは科学者として慎重だった。ゲラーが念力によって引き起こしたという物理現象の数々については、映像に記録することはできたものの、再現性に乏しく、検証は不十分であり、現代科学で説明のつかない現象だと断定するのは尚早だと結論づけたのだ。正式な論文発表にもあえて含めていない。

透視能力――隠された物を見る力

そこまで慎重で懐疑的な姿勢を崩さなかったプットフ博士らスタンフォード研究所の科学者たちを、心の底から驚かせたゲラーの能力があった。それは隠された物を見る力、「透視能力」である。彼は透視能力については抜群に安定した結果を示したという。

記録フィルムには、研究所が準備したサイコロを使った実験が映し出されている。箱の中にサイコロを入れ、研究者が振る。ゲラーは箱の中を見ることなく、サイコロの目を透視能力で当てるというものだ。仕掛けがされていないはずの研究所の道具を使った実験で、ゲラーは10回中8回正解（2回はパス）という驚異的な結果を示した。プットフ博士によると、これが偶然で起こる確率は10万分の1以下だという。

外見は全く同じアルミニウムの10個の容器の中から、中に水が入っている物を触れることなく当てる実験なども行われていた。これも正解率は極めて高かったという。

念力で有名なゲラーが、スタンフォード研究所では、むしろ透視能力に注目が集まっていたというのは実に興味深い。プットフ博士たちはゲラーの透視能力に絞ってさらに詳細な実験を続けた。

その中でプットフ博士たちを最も驚かせた実験がある。電磁波などが遮断され、窓もなく密閉された「ファラデーケージ（Faraday cage）」と呼ばれる小さな部屋にゲラーを入らせて行った透視実験である。あらゆる感覚を遮断されたはずの環境の中で、彼は別の人の描いた絵を透視したかのように、非常によく似た絵を描くことに何回も成功した。別の実験では、コンピューターがプログラムによって無作為に表示する画像と、そっくりなものを描くことにも成功した。トリックが入り込む余地はなかったとプットフ博士は判断した。

「私たちはゲラーの能力の全てを調べる実験を用意し、彼が遠く離れたところにある物を透視できることを発見しました。優れた成績でしたよ。私たちは、彼の透視能力は本物だと結論づけました。厳密な条件の下でも、能力を見せることができたからです」

科学雑誌『ネイチャー』に掲載

プットフ博士たちはユリ・ゲラーとの実験結果について、透視に関わる部分に絞って論文にまとめた。そして1974年10月、科学雑誌『ネイチャー』に掲載を認められた。『ネイチャー』と言えば、科学界では最も権威のある発表の場の一つだ。そこに超能力についての研究が掲載されたことはかなりのインパクトをもたらした。ただ、超能力に懐疑的な人からは、この論文についてさまざまな欠点を指摘し、批判する声が多いのも事実である。

しかしプットフ博士の書きぶりは、非常に控えめだったことに私は注目したい。論文にはこう記されている。

「我々の目的は、単に興味深い事象のカタログを作るだけでなく、科学的研究としてすでに確立された形での分析や仮説を立てるのに役立つような、因果関係のパターンを発見することであった。ここに報告する研究結果は、その目的に向けた第一歩である」

プットフ博士は、ゲラーの能力に完全なお墨付きを与えたわけではない。今後調べる価値があると主張しただけなのだ。これをもってユリ・ゲラーの超能力が証明されたというのは過大評価だろうし、全く価値がないと切り捨てるのも早計だと思う。ただ、『ネイチャー』の査読の基準は年々厳しくなっているという。仮に現在の基準に当てはめると、掲載が認められるような内容ではなかったかもしれない。

だが、この実験を皮切りに科学の世界で超能力の研究に火が付き、いわばブームが起こっていった。ゲラー以後、自分にも能力があると主張し、続々と登場した「ゲラー・チルドレン」たちも研究対象になっていった。誰が最初に超能力の存在を科学的に見極め、その正体を解き明かすのか、さまざまな研究者が我先に乗り出していったのだ。

ユリ・ゲラー自身も、あちこちの研究機関に招かれ、ひっぱりだこの状態になったという。彼を被験者にした実験だけでも、およそ20の報告が出されている。その中には精密な測定器による金属曲げ実験や、彼が能力を発揮するという時、どのような脳波を出すのかといった研究も含まれていた。

ユリ・ゲラー。彼の功罪は別にして、その特異なキャラクターによって、超能力が科学の表舞台に立ったという言い方はできるかもしれない。しかし、それは長続きしなかった。

バナチェックの登場

真夏の太陽が超高層ビル街の窓に反射してまぶしい。テキサス州の大都市、ヒューストン。ここに超能力研究に衝撃を与えた人物がいる。バナチェック。全米で活躍する一流のマジシャンだ。

彼が繰り出す華麗なるマジックの数々。マジックショーだという断りがなければ、超能力だと勘違いしてしまうだろう。彼は必ずショーの冒頭に宣言することにしている。

「私がこれからお見せするのは超能力ではありません。人間の心理を操るトリックを利用した、超能力の幻影です。私は超能力者ではありません」

彼が得意としているのはいかにも念力を使っているかのようなマジックだ。針の上に紙きれを置き、空気を遮断するためにグラスをかぶせる。そこに手をかざして、紙を回すようなしぐさをする。するとそのとおりに右へ左へ、くるくると紙きれが回転するのだ。念力を使っているとしか思えないような現象である。スプーンやフォークを曲げたり、離れたところから木の棒やボールを落としたりするのもお手の物だ。

特に驚いたのは、ゲラーを意識したかのような腕時計を使ったマジックだ。客から借りた腕時計を、観客の女性の手の中に握らせる。その手に向けて念力をかけるようなしぐさをする。女性が手を開くと、時計の針は35分も巻き戻っていた。私の見る限り、バナチェックが時計を手にしたのは、観客の手に握らせるまでのほんの一瞬で、とても時刻を変える操作をする時間はなさそうだった。もし、これを超能力だと言えば、間違いなく多くの人は信じてしまうだろう。

バナチェックは、超能力に見える現象は全てトリックで作り出せるという。マジシャンとしての職業倫理から決してタネは明かしてくれないが、彼の作り出す現象は、トリックや人間の錯覚を利用したものであることだけは間違いないのだ。

「私は、超能力は存在しないと考えています。これは超能力だと確信できるようなものを、まだ一度も見たことがありません」と断言する。

アメリカには現在、奇術師ジェームス・ランディが設立した「100万ドル超能力チャレンジ」というコンテストが存在し、バナチェックは審査委員を務めている。我こそは超能力者と名乗る人の挑戦を受け、バナチェックらが課した条件をクリアして能力を発揮できるかどうか公開で審査するのである。合格すれば、100万ドルの賞金とともに、「真の超能力者」という称号が与えられる。しかし長年続く取り組みで合格した者はまだ誰一人としていない。バナチェックによると、最近は「自分で超能力があると信じ込んでいるだけ」というレベルの挑戦者が多く、もしかして本物かと思わせるような能力者は全く応募してこないそうだ。バナチェックに言わせれば、敵前逃亡というわけだろう。

私たちがバナチェックを取材したわけは、ただ単に彼がアンチ超能力派だからではない。彼が、その後の超能力研究に決定的影響を与える、鮮烈なデビューを果たしたからだ。

バナチェックの本名はスティーブ・ショー。イギリス生まれで南アフリカやオーストラリアを転々とした後、アメリカに移住した。両親の代わりに、二人の弟の面倒を見るなど、若いころには相当な苦労をしたらしい。

バナチェックは高校生の時には、すでにマジックの技を独学で身につけていた。自分のマジックを見て喜んでくれる人々を見て、心が安らぎ、自分の居場所を見つけたような気分だったという。しかし、マジシャンとしてはまだ無名の存在だった。

一方、ユリ・ゲラーはスタンフォード研究所で実験を受けた後の１９７３年以降、世界中のテレビ番組に出るようになり、一躍スターになっていった。

しかしそれとともに、彼の能力はトリックにすぎないという反論も挙がり始めていた。『ネイチャー』にゲラーについての論文が掲載されたのとほぼ同時に、イギリスのポピュラー科学誌『ニューサイエンティスト』は〝ゲラーの能力は偽りであり、スタンフォード研究所の実験は管理体制が甘く、事実誤認だ〟とする全く正反対の特集を組んだ。

奇術師のジェームス・ランディも舌鋒《ぜっぽう》鋭く批判を展開し始めた。ランディは『The Truth About Uri Geller（ユリ・ゲラーの真実）』という書籍を著し、ゲラーがどんなトリックを使っていると考えられるか詳細に分析して見せた。超能力を否定する懐疑派グループの急先鋒として、ゲラーの宿敵と言える存在になっていく。

バナチェックも、ランディの本を読んで感銘を受けたという。「ユリ・ゲラーはトリックで人々をだましている。超能力があると信じた多くの若者がゲラーをまねしようとして無駄な時間を費やしている」と密《ひそ》かに反発心を燃やしていた。

超能力専門研究所への挑戦

1979年、折からの超能力ブームを象徴するかのような出来事があった。セントルイスにあるワシントン大学（後に登場するワシントン大学とは別組織）が50万ドルという当時としては多額の寄付金を得て、超能力専門の研究機関、マクドネル超能力研究所を設立したのだ。寄付金を出したのはアメリカにかつてあった有名な航空機メーカー、マクドネル・ダグラス社の創設者、ジェームス・マクドネルである。彼もまた人間の不可思議な力の解明にロマンを感じていた。所長はピーター・フィリップス、他にマーク・シェーファーという研究者が中心メンバーだった。

ある日、バナチェックはマクドネル研究所が出した新聞広告を目にする。研究所が実験に協力してくれる超能力者を募集していたのだ。

「チャンス到来！」

彼の目は輝いた。

バナチェックは超能力者と偽って応募し、実験に協力。研究者がトリックを見破れるかどうか、試そうとしたのだ。まさに一世一代の大芝居というわけである。アンチ超能力のリーダーだった奇術師、ランディとも相談したうえでの大胆な行動だった。もう一人マイク・エドワーズという若者も超能力者と偽って応募し、二人で科学者たちを欺《あざむ》こうという計画だった。

彼らは密かにこの計画を「プロジェクト・アルファ」と名付けた。超能力に興味を持つ科学者の研究は厳密に行われているのだろうか。「超能力は存在するはず」という先入観にとらわれ、管理体制が甘くなっているのではないか。それを検証しようというのだ。バナチェックはプロジェクト・アルファの目的をこう語る。

「超能力を研究する人々は〝資金が足りず、十分な研究ができないから科学的な証拠をつかめないのだ〟とよく言っていました。潤沢な研究資金を得たマクドネル研究所なら、そんな言い訳はできないはずです。そこで、私たちは〝超能力が科学的に立証できないのは研究費の問題ではない。偏《かたよ》った意見を持っている科学者は、適切な科学を使わず、自分の信念を記録に残そうとする〟という仮説を立て、これを実証しようと思ったのです。もう一つの仮説は単純で、〝科学者たちは、自分がマジシャンよりずっと賢くて、だまされることなんてないと思っている〟ということです。私たちはこの二つの仮説を証明してやろうと思っていました」

曲げずに曲がったスプーン

バナチェックは一体どうやって科学者をだましたのだろうか。研究所では、さまざまな実験が用意されていたが、マクドネル研究所の科学者たちは、まず念力という超常的な物理現象を、厳密な条件下で記録することに重点を置いていた。当時としては珍しく、実験の模様はビデオできちんと撮影されていた。その映像の一部が残されている。誰もが納得する動かぬ証拠をつかもうという意気込みだったのだろう。

ある実験で、バナチェックはスプーンを曲げるよう求められた。もちろん、トリックなどできないよう5、6人の研究者が至近距離から監視している。実験中は、研究者がスプーンを支えているので使えるのは指先だけだ。よくあるスプーン曲げのトリックに、ほんの一瞬の隙《すき》に力を入れて曲げたり、あらかじめ細工をして曲がりやすくしておいたスプーンと入れ替えたりするものがある。この二つの常套手段《じょうとう》は使えそうにない。

ところが、バナチェックはわずか数ミリだが、見事にスプーンを曲げることに成功したと研究者を信じ込ませた。果たしてバナチェックはどうしたのか。

それぞれのスプーンはあらかじめ形を精密に測定され、一本一本に数字を書いた札が付けられ、区別されていた。バナチェックは札が邪魔になると主張して、札を外させる。さらに「調子が悪く、なかなか曲がらない」と言って、スプーンを何度も取り替えさせ、そのたびに札を外させる。実験を長引かせ、研究者の集中力が落ちるのを待つ。

　そして突然、「曲がった」と告げ、研究者の注意を引き付けた瞬間、巧妙に札をすり替え、別のスプーンの札を付けさせていたのだ。

　実はもともとスプーンの曲がり具合は、スプーンによってわずかに違っていた。同じ製品でも誤差があるからだ。実験中、研究者の目はスプーンにくぎづけで、札には注意が向けられていなかった。それで研究者たちは札のすり替えに気づかず、全く変化していない別のスプーンを測って、曲がったと信じ込んでしまったのである。

　聞いてみれば実に単純なトリックである。そんなことでだまされるなんて、科学者とは言えないと思う方もいるだろう。しかし、これは現実にあった話なのだ。

バナチェックによると、心理的なテクニックも使われていた。本格的な実験に入る前、緩い条件の下、科学者の目の前で軽々とスプーンを曲げて見せておく。すると科学者はその証拠をつかみたいという思いがとても強くなり、厳密な条件下の実験でも結果が出せるはず、いい結果を出したいと、つい前のめりになってしまうものだという。

「一日中研究所にいたので、トリックを使う隙は十分にありました。私の手元をずっと見張ることはできません。他のことに注意がそれた1秒間を私は見逃さなかったのです」

実験は多岐にわたり、他にもさまざまな実験が行われた。また、ベルトルド・シュワルツという研究者を中心とする他のグループの実験にも協力。ついには約50ページに及ぶ科学論文がまとめられるまでになった。題して『Taming the Poltergeist』、つまり『ポルターガイスト現象を解明する』。従来、屋敷内で不可思議な現象が起こるのは、ポルターガイスト（ドイツ語で、〝騒がしい霊〟）の仕業だといわれてきたが、超能力がブームとなった1970年代当時、それは超能力者の無意識かつ偶発的な念力によるものではないか、という新しい説が出されていた。その観点からバナチェックの「念力現象」を多数検証しようとした実験だった。

こうしてバナチェックは、実に4年にわたって科学者を欺き続けた。当意即妙のトリックだけで与えられる課題を次々とこなしていったのだから、その技術力と精神力はすごいとしか言いようがない。

衝撃の記者発表——「私たちはだましました！」

そして1983年1月、ついに運命の日がやってくる。バナチェックたちは満を持して記者会見を開き、ことの真相を暴露。開口一番、「私たちはだましました！」と宣言した。その会見の様子は全米に放映され、新聞・雑誌でも「マジシャンが科学者をだました！」「にせの超能力が科学をばかにした！」と大きく取り上げられた。

これに対してマクドネル研究所側は、バナチェックの能力を十分に疑っており、彼を超能力者と断定したわけではなかったと反論したが、その声はあえなくかき消されてしまった。この一件が、科学者への信頼を失墜させたのは言うまでもない。研究所は閉鎖に追い込まれた。

科学者たちをおとしめたプロジェクト・アルファについて、道義的に問題があるのではないか、そこまであこぎなまねをしなくてもよいのではないかと、眉《まゆ》をひそめる人もいるだろう。しかし、科学者たちの実験管理がずさんな場合もあることを、身をもって証明した意義は大きい。

問題はその余波である。この事件以後、科学者たち、特に大学などアカデミズムに属する人々は、潮が引くように超能力の研究から遠ざかっていった。超能力とトリックを見分けるのは非常に困難であり、万が一高度なトリックを操る人間が悪意を持って実験に協力した場合に、それを見破れないリスクが大きすぎると判断されたのだろう。

プロジェクト・アルファの一件で、全ての超能力が否定されたわけではないはずだ。しかし、現実には、超能力は科学的研究の対象から敬遠されるようになり、うそか本当か見極めようとする科学者はほとんどいなくなってしまった。ある超心理学者は「プロジェクト・アルファは、超能力の研究を10年遅らせた」と嘆く。実際、今日に至るまで、超能力の研究は科学の世界でタブー視され、中でも「念力」の研究は全くといっていいほど行われていない。

幻に終わった「念力」の徹底的検証

実は私たちは、今回の番組で、念力を徹底的に検証する科学的実験を独自に行いたいと強く思っていた。何と言っても目の前で物が動いたり変化したりする念力は、映像的にも面白い。もしそれが厳密な条件下で撮影できればスクープである。

もちろん、私たち取材班は、万が一にもバナチェックにだまされた研究者の轍《てつ》を踏むようなことがあってはならない。とことんまで厳密な条件で実験し、さまざまな特殊カメラを駆使したうえで「不可思議としか言いようのない現象」の撮影にもし成功すれば、番組の大きな核になると考えていた。

取材の過程で、私たちは念力を持つという北米で暮らす女性Sさんに出会い、科学的な実験に協力してもらうようお願いしていた。その女性はテレビなどには一切登場したことがなく、自らに能力があることを公言せず普通に暮らしている。その特異な能力が周囲の警戒や誤解を受け、差別的な目で見られるなど、それまでに随分つらい経験をしたためだという。

彼女は私たちの趣旨に賛同し、自分も未知の力の正体が知りたいのだと、実験協力に同意してくれていた。ただし、「懐疑派やマジシャンから疑念を持たれるような実験方法では、インチキと言われるだけなので嫌だ」という条件を付けられていた。

私たちは必死になって厳密な実験方法を考案してくれる研究者、研究機関を探した。五つばかり当たっただろうか、理解を示してくれたところもあったものの、結局どこからも断わられてしまった。限られた時間の中で、トリックの可能性を完全に廃し、誰もが納得しうる厳密な実験方法をデザインするのは至難の業だからだ。

どこの科学者も、研究資金を獲得する競争に追われている。成功するかしないか分からず、しかも失敗すればイメージダウンという痛手を負う超能力研究に時間を割いてくれというのは無理な話なのだろう……。

そう考えてみると、バナチェックの話もただの武勇談というだけでなく、現代の科学が抱えた課題を浮き彫りにしたエピソードにも思える。

ユリ・ゲラー、再び

さあ、それではユリ・ゲラーに話を戻そう。果たして彼は科学的検証に応じてくれるのだろうか。

ユリ・ゲラーは、1970年代は数々の科学実験に積極的に協力したが、その後ぷっつりと協力しなくなった。その理由を問うとこう答えた。

「70年代の終わりごろにはテストを受ける気持ちを全く失いました。一つの研究所から次の研究所へと科学者や実験に振り回される生活に疲れ果てていました。一部の科学者たちは私の正当性を立証しましたが、一部の懐疑的な科学者たちはもっとテストをしたがった。そこで私は世界中を回ることになったのです。東海大学、フォッシュ病院、ロンドン大学など。それが果てしなく続き、私はこれ以上できないと思いました」

当時の科学論文のいくつかは、ゲラーの超能力はトリックではなく、本物の未知の物理現象を生み出していると結論づけている。バナチェックが科学者をだまし続けたように、ゲラーも欺き続けていたのだろうか。プットフ博士をはじめ、複数の実績ある科学者が関係し、さまざまな研究機関を渡り歩いたゲラーが、毎回毎回研究者をだまし通すことが、本当に可能だったのだろうか。

ゲラーが現代科学による新たな検証を受け付けない以上、本物か偽物《にせもの》か、その答えは彼だけが知っているとしか言いようがない。

バナチェックは、ゲラーの〝超能力〟をトリックだときっぱり切り捨てる。

「私はユリ・ゲラーの能力が本物だとは思いません。彼のせいで、科学者が多くの金を超能力につぎ込んだのは不幸なことです」

そしてバナチェックは、かつてゲラーが研究者に本物だと認めさせた、サイコロの目を透視する能力をマジックで再現してみせた。サイコロを箱に入れ、私が振る。彼は中を見ることなく、次々にサイコロの目を当てていった。思わず驚嘆の声を上げる私。バナチェックは「私は超能力者ではありませんよ。保証します」と笑いながら言う。もしかしたら箱やサイコロそのものに仕掛けがあるのかとも思ったが、どんなトリックを使っているのかは結局分からなかった。

ゲラーへのインタビュー開始から1時間。バナチェックとのやりとりを思い出しながら、核心の質問に移ることにした。

「あなた自身はトリックだという疑惑を持たれていることについてどう思っていますか」

彼がおそらく何度も受けてきたであろう質問だ。ゲラーの答えは堂に入っていた。

「私は生涯を通して論議の的となってきました。私を信じる人もいれば、信じない人もいる。中には私よりも上手にスプーンを曲げるマジシャンもいますし、驚くようなトリックをするマジシャンもいます。そのことを私は気にしません。『ユリ・ゲラーはマジシャンにすぎない』といった攻撃も気にしません。そんな批判にはもう慣れています。私は懐疑論者たちの意見を気にしません。彼らはむしろ私の知名度を上げる手助けをしてくれました。私のことを話題にし、論議を巻き起こしてくれたことで私は有名になったのです。

私が言いたいのは一つだけ。それは私が本物だということです。私の言うことを信

インタビューを受けるユリ・ゲラー。

じたくなければ、私に関わらなければいい。それだけのことです」

インタビューとして聞けることは全て聞き出せた。後は、この場の交渉で何らかの能力を見せてくれ、それを正確に撮影できるかどうかだ。そう考えた矢先のこと……。

こちらから話を切り出す前に、彼は突然、私たちを誘った。

「カム・ナウ・ウィズ・ミー！」

有無を言わさず、移動し始める。とにかく彼の後を追うしかない。

連れていかれたのはキッチンだった。引き出しを開けると、そこには大小さまざまなスプーンが……。ついにあの能力を見せてくれる瞬間がやってきたのだ！

1本のスプーンを選び、やおら、なで始める。

およそ30秒後、ゲラーは「来た！」と小さく叫んだ。ゲラーが、スプーンをまるでプラスチックのように曲げていく。そしてスプーンを持ち上げた瞬間、真っ二つに折れた。自らの能力を誇示するように折れたスプーンを掲げるゲラー！

私は事前にさまざまな資料に接し、スプーン曲げのさまざまなトリックを知っていた。ゲラーがたった今見せてくれた技は、すぐさま、そうしたトリックと区別がつかないと感じた。実は、スプーン曲げの典型的なトリックの一つに、事前に何度も折り曲げて、金属疲労によって折れる寸前にしておいたスプーンを使うというものがある。軽く触ったり、振動させたりするだけで曲げたり折ったりしたように見せることができるのだ。ゲラーのキッチンにあったスプーンを曲げただけでは、このトリックの可能性があるため、超能力の決定的瞬間を捉《とら》えたものだと主張するには不十分だと考えた。その逆に、トリックだと断定できる瞬間が撮影できたわけでもないことも分かっていた。

こちらが用意した、強度が十分にあるスプーンを曲げてもらえないかと私は頼み込んでみた。冒頭、私が最低限の目標だとしていた、あの刻印入りのスプーンだ。

ゲラーは一度拒んだかと思うと、次の瞬間、そのスプーンをくれと言い出し、インタビューを行った部屋に一目散に駆け戻った。そして私たちが用意したスプーンを一瞬のうちに曲げてしまった。肉眼ではその様子をきちんと観察できていない。残念ながらカメラもゲラーの動きにわずかに追いつけず、曲げる瞬間は撮影できなかった。後で映像を確認したところ、あっけにとられた私の表情をむなしく映し出していただけだった。

ゲラーは、もう一度じっくりやってほしいという願いには応《こた》えてくれなかった。ゲラーとしては、もともとインタビューだけという約束だったのに、2本も曲げたのだからもう十分だというわけだろう。

ゲラーの超能力がうそか本物か、あわよくば見極めたいと考えていた私たち。陽動作戦とも受け取れるゲラーのトリッキーな動きに、してやられてしまった、というのが取材後の実感だ。数々の決定的瞬間を押さえてきたベテラン、渡邊雅己《まさき》カメラマンも腑《ふ》に落ちない表情を禁じえなかった。

ゲラーの取材はこうして終わった。

残されているのは、かつて科学者たちがゲラーの能力の検証に真剣に取り組んだという歴史的事実と20に上る報告だけだ。それをきっかけに花開くかに見えた超能力の研究は、トリックと見分けがつかないという課題を克服できず、急速にしぼんでしまった。それ以来、科学が超能力に近づくことをタブー視する状況すら生まれたのである。

科学と超能力の宿命的な〝相性の悪さ〟、それこそがユリ・ゲラーやバナチェック が残した現実なのだ。

「超能力を科学する」というテーマに挑む

今回の番組は、長年企画を温めてきた大里智之プロデューサーの熱い思いが発端だ。それが科学番組を数多く手がけてきた井上智広プロデューサーのアイデアと結びつき、ついに実現されることになった。井上プロデューサーはUFOの正体を徹底的に科学的に見極めようとした人々のドキュメンタリーを制作し、大きな反響を得ていた。UFOの正体のほとんどは明るい星や流星、気球などの見間違いだが、それでも説明のつかない事象が今や「UAP（未確認大気現象）」という新たな分野に位置づけられ、調査・研究の対象となっている最新の状況を描き出した。今回も新しい視点で真正面から超常現象を捉え直すことができないかと考えていた。この二人を中心として企画は動き始めた。

私がディレクターを担当することになった時、正直かなり難しいテーマだなと思った。興味深いテーマであることは間違いないが、どちらかというと不安のほうが先に立っていた。超能力については、そもそも存在すらしない、よって科学的に検証する価値すらないと考える人も多いだろう。超能力者と信じ込ませて詐欺《さぎ》行為に及ぶ例や、新興宗教と超能力を結びつけて信者を獲得する例も過去にあり、社会問題となったこともある。

私たち取材班はこうしたオカルト性とイカサマを一切排除し、純粋に科学的視点で超能力を取り上げるというスタンスで一致していた。取り上げる取材先については、慎重なうえにも慎重な判断、配慮が求められる。

一方、私たちは、トリックや思い込みだとする風潮が主流を占める中、最新の科学的手法で超能力の謎《なぞ》を見極めようと真剣に挑んでいる科学者たちがいることをつかんでいた。そして、脳科学や統計学を駆使したさまざまな実験から、ごく普通の人々にも科学では説明がつかない不可思議な能力が備わっているかもしれない、という驚くべき可能性が浮かび上がってきたことを察知していた。

こうした超能力研究の最前線を描くのが、私たちの今回の番組の主眼である。それは華麗に物を曲げたり動かしたりするようなユリ・ゲラー的な超能力とは全く違う世界かもしれない。しかし、より深淵《しんえん》で普遍的なテーマになる可能性があると私たちは考えていた。

科学の世界では、万人を納得させることができる証拠を示せた時に、初めて成果が認められる。それまで、誤謬《ごびゅう》や実験上のミスがないかどうか徹底的に精査されなければならない。しかしどんなに荒唐無稽《こうとうむけい》な現象でも、厳しい検証をくぐり抜けさえすれば、科学的に正しいと認知される。過去には非常識だとされたことが、現代では常識となり、科学の根幹をなしているケースは枚挙にいとまがない。そうした科学の醍醐味《だいごみ》、ダイナミズムを、「超常現象」という分野を通じて示したいというのが私たちの志である。

しかし超能力の分野では、〝懐疑派〟と呼ばれる人々がしばしば超能力の研究を徹底的に攻撃し、否定するという対立の構図が生まれていた。もちろん、批判精神を持ち、まずは疑ってかかる懐疑的な態度は非常に健全であり、科学の進歩を支えてきたものだ。しかし、ことテーマが超常現象となると、やや感情的なのではないかというほど頭ごなしに否定してかかるケースもあるという。

私たちは取材を通して、この激しい対立の渦中《かちゅう》に身を投じ、どちらの意見にも耳を傾けなければならない。超能力が存在するという前提にはもちろん立たず、かといって超能力は存在せず、全て否定できるという前提に立つわけでもない。実に微妙な立ち位置を私たちは目指そうとしていた。

模索する中、私は井上プロデューサーとともに、マジシャンのパルト小石さんに会ってアドバイスをもらうことができた。井上プロデューサーと小石さんは番組を一緒に作ったことがあり、旧知の間柄だ。

小石さんはコミカルなマジックで人気のナポレオンズの一人だが、これまで民放の番組で、数多くの「ニセ超能力者」を見破ってきたという一面を持っている。番組の方向性、可能性について貴重なヒントをいただくことができた。

「これまでの番組では、超能力があるということをあおるか、それともそんなものは存在しないという前提で正体を暴《あば》いていくか、どちらかのスタンスばっかりだったと思うんですよ」と小石さんは指摘する。

確かに、番組の内容を面白くしようとするあまりに、やや眉唾《まゆつば》な現象でももっともらしく取り上げて、いかにも不可思議な能力に見えるように演出しているケースも、残念ながら少なくないと聞く。その逆に、ニセ超能力者の仮面を剝《は》ぐことを大義名分とし、あらゆる困難な課題、条件を〝超能力者〟に課し、その能力が本物ではないと暴き立てるようなスタンスの番組も多い。もう少しじっくり科学と超能力を向き合わせられないものだろうか。

「まっすぐ、真ん中を行ってみてください。そうすれば今までにない、きっと面白い番組が生まれるんじゃないでしょうか」と小石さんは励ましてくれた。

数ある研究事例の中から何を選び抜き、人間に秘められた未知のパワー、超能力の謎に挑戦する科学者の姿をどうやって浮き上がらせるのか。そして今、科学はどこまで超能力の謎に迫っているのだろうか。科学者たちの徹底的な究明の先に、なお残された謎は、私たちに何を物語るのだろうか。

さまざまな問いを抱きながら、アメリカ、イギリスを駆け回る長い旅が始まった。

第二部
秘められた未知のパワー
〜超能力〜

episode 2
国家が認めた超能力

超能力を科学する「超心理学」の黎明《れいめい》

エピソード2の本題、「遠隔透視（リモート・ビューイング）」に入る前に、予備知識として超能力研究の概要につきあっていただきたい。

皆さんは、超能力と聞いて何を思い浮かべるだろうか。もちろん超能力者を描いた映画、アニメは数多くあり、華々しい超能力者の姿を思い浮かべる人もいるだろうが、ここでは、現実世界で報告されてきた不可思議な現象に限定しておこう。

まず、エピソード1で取り上げた、意識の力で物を動かしたり、形を変化させたりする「念力（サイコキネシス）」。次に見えない物を透かして見る「透視（クレアボヤンス）」。遠くの物を見ることができる「千里眼《せんりがん》」も透視の一種としておこう。さらに離れたところにいる他者の考えが分かったり、意識が通じ合ったりする「テレパシー」。

未来の出来事を正しく感知することができる「予知」などが代表的なものだろう。さすがに「瞬間移動（テレポーテーション）」の報告例はほとんどない。

科学がまだ十分に発達していなかった19世紀を終え、20世紀に入ると、こうした超能力を科学的かつ系統的に研究しようという動きが初めて起こった。その創始者といえる人物が、アメリカ・デューク大学のラインである。彼は1920年代、きちんとコントロールされた条件下での実験によって、超能力の存在をデータで証明しようと試み始めた。ラインが始めた手法は「超心理学（パラサイコロジー）」と呼ばれ、科学の世界で一定の市民権を得るようになった。ラインの功績は極めて大きい。

ラインはまた、「超感覚的知覚（ESP：Extra-Sensory Perception）」という新しい考え方を提起した。通常の人間の感覚には、視覚、聴覚、嗅覚《きゅうかく》、味覚、触覚がある。これらの五感によらない「第六感」で何らかの情報が知覚できることを「超感覚的知覚」と定義し、透視、テレパシー、予知などを統合的に理解しようとしたのである。皆さんは、超能力者のことを「エスパー」と呼ぶことがあるのは知っているだろう。そのエスパーとは、実は「ＥＳＰを操る人」という意味だ。

ラインが開発した超心理学の古典的な実験に、○や☆など5種類の記号を記したカード（ＥＳＰカード）によるものがある。二人一組で実験を行い、一方は無作為にカードを出していく。もう一方の人はそのカードを見ることなく、どの記号が書かれているかを次々に回答していく。この実験を一般の人を対象に数万回行い、ついに偶然以上の正解率を示すことを証明した。ラインはＥＳＰカードの実験によって、何らかの特殊な知覚能力、超能力が存在していると結論づけた。

これは目に見えないカードの記号を当てる透視の実験とも言えるが、カードを選んだ人の意図を読むテレパシーが作用しているのかもしれない。ラインは、透視やテレパシー、予知がもし存在するとしたら、そうした能力に境界はなく、何らかの共通の原理があるのではないかと考えた。

これに対し、念力は物理現象であり、もし実在するとすれば原理が大きく異なるはずである。近代の超心理学では、超能力を「ＥＳＰ」と「念力」という二大カテゴリーに分けて考えるのが基本だということを心に留めておいてほしい。

前置きが長くなったが、現在、ホットな研究対象になっているのは圧倒的にＥＳＰである。エピソード１で述べたとおり、念力は超能力の中でも最も研究しにくい分野になっているのが現実だ。そしてＥＳＰについては、その存在を否定しがたいと思わせるに足る史実やデータが非常に豊富なのである。その最たる例をひもといていこう。

9万ページの極秘文書

話はユリ・ゲラーが世間を騒がしていた1970年代に戻る。このころ、超能力を国家プロジェクトとして真剣に研究していた国がある。アメリカ合衆国だ。

2004年、アメリカ政府は情報公開法に基づき、ある極秘文書を公開した。1万2000項目、9万ページにも及ぶアメリカ軍とCIAの資料だ。解読が進むにつれ、アメリカ軍に実在した「超能力スパイ」の実態が次々と明らかになっている。

私はこの文書の電子ファイルを全《すべ》て入手した。そこには敵の軍事基地や秘密兵器が描かれた大量のスケッチが含まれていた。それらは全て、スパイが潜入して得ることが不可能な情報を、超能力者を使って得たものだという。遠く離れた場所を知覚できるというこの能力はリモート・ビューイング、「遠隔透視」と呼ばれていた。

そのスケッチは、お世辞にも上手だとはいえない。子どもの落書きのようなシンプルなものも含まれている。そして、さまざまなメモが走り書きで添えられており、非常に素早く描いたものという印象を受ける。しかし、これこそ超能力スパイが遠隔透視によって描いたという〝情報〟なのだ。

超能力スパイの極秘プロジェクトは1972年から20年余りの間続けられた。プロジェクトにはコードネームが付けられており、「グリル・フレーム」「サン・ストリーク」「センター・レーン」など何度か変更された。1995年、最終的に幕引きされた時のコードネーム、「スター・ゲート（星の門）」という名前が最もよく知られているものではないだろうか。

「超能力スパイ」なんて、小説ならいざ知らず、にわかには信じがたい。しかし、あのアメリカ政府が極秘文書を公開して公式に認めている歴史的事実なのである。ある意味、超能力に関する最も信憑性《しんぴょうせい》のある記録と言っても過言ではない。今回の番組では、このアメリカ軍の超能力研究および実戦的利用の実態を徹底的に調べ上げることにした。

冷戦と超能力

それにしても一体なぜ、アメリカ政府は超能力の研究に乗り出したのだろうか。その経緯を深く知る立場にあったのが、プットフ博士だ。あのユリ・ゲラーの能力を検証した物理学者である。機密文書が公開された今、ようやく当時の秘話を語れるようになった。アメリカ政府が超能力スパイを始めた理由は、歴史のうねりを感じさせるものだった。

当時、アメリカとソビエト連邦の間では冷戦が繰り広げられていた。米ソのみならず、世界中が東西両陣営に分かれ、対立を深めていた時期である。１９７０年代といえば、その冷戦の真っただ中だった。

時を同じくして、ソ連にはたくさんの超能力を持つと称する人間が登場していた。その代表格はニーナ・クラギーナである。彼女はソ連最強の超能力者とされ、念力によって手を触れずに物体を動かしている映像が西側に流れ込んでいた。透明なカバーをかぶせ、トリックが使えないように見える状況でも、手を触れずに物体を動かしている。

さらにアメリカ政府は、ソ連がこうした超能力者の能力を軍事利用しているという情報をキャッチし、その実態を調査した。

１９７２年、プットフ博士のもとをＣＩＡの担当官が秘密裏に訪ねた。プットフ博士が所属していたスタンフォード研究所は軍事関連の極秘研究を数多く行ってきており、政府とのパイプは太い。しかもプットフ博士は研究所に入る前、国防総省の国家安全保障局（ＮＳＡ）の情報官を務めていた時期もある。信頼のおける相談相手だった。

「ＣＩＡの担当者は、『私たちは問題を抱えている』と言って、電話帳のような分厚い報告書を私の前に置きました。それはソ連の超能力研究に関する詳細を調べ上げた極秘文書でした。当時、ソ連は最高レベルの研究所、最高レベルの物理学者と工学者を使ってESPの研究を行っていました。CIAの人たちは『アメリカの科学者たちはこのようなものを信じようとしない。これが脅威であるかないかをどう評価してよいか私たちには分からない。全くのナンセンスであり、脅威でないことを願うが、この問題を調べてくれないか』と言ったのです。私は、『分かりました。やりましょう』と言い、小さなプロジェクトを立ち上げました」

つまりCIAは、当初は大して乗り気ではなく、ソ連の超能力研究が恐れるまでもないナンセンスなものであることをプットフ博士たちが証明してくれることを期待していたのだ。

ゲラーと超能力スパイ――秘められた関係

全く同時期、プットフ博士はユリ・ゲラーの検証も手がけていたが、これもそもそもはCIAの依頼だったことを思い出してほしい。実は両者は裏で深く結びついていたのである。プットフ博士は、ゲラーとの実験を通して、離れたところにある物を見る遠隔透視能力が実在する可能性は高いという思いを強めていった。それを決定づけたエピソードがある。CIAの担当者とゲラーが、プットフ博士の目の前で電話でやりとりした時のことだ。

「それはユリ・ゲラーの能力を完全に証明する出来事でした。私たちは『CIA本部の担当者に電話し、机の上に何か好きなものを置いてもらう。ゲラーにそれを遠隔透視してもらう』という簡単なテストを行うことにしました。こういう状態なら、超能力以外、情報を得るチャンスはないと考えたのです。ゲラーが行ったことには本当に驚きました。ゲラーは、皿にのせられたスクランブルエッグと、その上に『構造』という文字を紙に描きました。その時、CIAの担当者は机の上に医学書を置き、『脳の構造』と題されたページを開いていたのです。脳の断面図は確かにスクランブルエッグのようにも見えます。ですからゲラーはそのページにある物を遠隔透視して描写したとしか考えられませんでした。信じられないようなことが実際に起きたのです」

この逸話については、エピソード1の冒頭に書いたBBCのドキュメンタリー番組でも紹介された。その時、実際に電話を受けた当時のCIAの担当官、キット・グリーンが実名で登場し、同じ内容のことを証言していた。

ゲラー自身も、自分が安定した遠隔透視能力を示したことが、CIAが遠隔透視の本格的な研究に踏み切る大きな判断材料になったはずだと語っている。

「スタンフォード研究所で行われた私の実験はＣＩＡが資金を出したものでした。アメリカが遠隔透視の研究を始めるのに、私自身が大きな貢献をしたことは間違いないと思っています」

プットフ博士は、ゲラーなどとの実験を通じて次のような考えを持つようになった。

「一般的に、念力の効果は観察できたとしても非常に弱いです。諜報《ちょうほう》機関はこの能力を軍事利用するという興味は全く持っていませんでした。唯一《ゆいいつ》、遠距離のものを見抜く能力だけが実用化を検討されることになったのです」

ソビエトの秘密基地を透視せよ

いよいよプットフ博士は、遠隔透視の実践的なテストに踏み切ることにした。実際の諜報活動に使えるかどうかを確かめるのだ。しかし、ユリ・ゲラーはショービジネスの世界に身を投じ、もはや協力は望めなかった。そこで被験者には元警察署長のパット・プライスというアメリカ人が選ばれた。遠隔透視能力があると主張し、スタンフォード研究所の実験にボランティアでの参加を志願して以来、数々の驚くべき成果を出していた。その実験結果はゲラーとともに『ネイチャー』に掲載されている。

透視させる目標物（ターゲット）としてプットフ博士はソ連のセミパラチンスク基地を選んだ。核関連の実験施設として非常に有名だった場所である。厳重に警護され通常のスパイは決して近づくことができず、秘密のベールに包まれていた。民間人であるプライスがその基地の詳しい状況を事前に把握しているとは考えにくい。その基地について、遠隔透視で何らかの情報がキャッチできるかどうかテストしようというのである。

遠隔透視を始めるにあたって、透視者にはごく簡単な〝符丁〟しか与えられない。ヒントを与えると先入観や論理的思考を招いてしまうからだ。符丁には、その場所の写真、緯度・経度、あるいは暗号化された数字などが使われていた。この程度の情報をきっかけにどうやって遠隔透視できるのかは全くの謎《なぞ》だが、とにかくそれが彼らが当時取っていた方法である。

プライスはさまざまな言葉をつぶやきながら、スケッチを記していったという。遠隔透視は常に言葉と絵の両方で示されていく。あたかもその場に自分がいるかのように情景を描写していく。さらには、自由自在に視点を動かし、俯瞰《ふかん》図まで描き出す。

プットフ博士は隣で立ち会いながら、例えば「右はどうなっているのか」といった簡単な質問を時折投げかけ、透視者の視線を誘導する。

その結果にプットフ博士は驚いた。プライスが描いた構造物とそっくり同じものが、後日偵察衛星が捉《とら》えた実際の基地の写真の中にあったのである。それは高さ50メートルに達する常識外れに巨大なクレーンだった。プットフ博士はその時の鮮烈な印象が忘れられないという。

「私個人としては、ソ連の秘密基地を最初に遠隔透視させた時のインパクトが一番大きかったです。異常に大きいクレーンを正確に描き、工学的な詳細まで一致していたのには、本当に驚嘆しました。それまで数多くの実験を積み重ねてきましたが、この時初めて、遠隔透視能力は本物だと認識したのです」

これはほんの一例で、その他にも膨大な実験が行われた。1975年、プットフ博士らが極秘に提出した報告書は、CIAを驚かせるものだった。「遠隔透視能力は軍事作戦に必要と認める」。プットフ博士は、実験結果は偶然の一致では説明がつかず、何らかの未知の知覚能力によって情報を獲得することは可能だと結論したのである。

CIAは態度を変え、逆に心配し始めた。ソ連も同じように遠隔透視能力者を使って、諜報活動を始めているのではないか。アメリカの機密情報が筒抜けになるのではないか。

冷戦という時代、アメリカとソ連は何であれ常に対抗措置を取らねばならなかった。拮抗《きっこう》した軍事力を持つことが抑止力になるという認識に支配された結果、果てしなき軍拡競争が続けられ、地球を何回も滅亡させることのできるような膨大な核兵器が配備されていった。

超能力の軍事利用も例外ではなかった。「ソ連に後れをとってはならない」という理由で、アメリカ政府は超能力スパイの計画を本格的に始動させたのである。

遠隔透視のメカニズム

しかし、本格的に始動してから超能力部隊が正式に設置されるまでは、時間がかかった。遠隔透視の基礎研究と人材の育成が必要だったからである。プットフ博士の下でおよそ5年間、精力的な実験が行われ、遠隔透視のたくさんの事例が蓄積された。プライスが病気で急死したため、インゴ・スワンというもう一人の能力者が、遠隔透視を効率的に成功させるためのプロトコル（手順）の確立に大きく貢献した。また、どうしたらその能力を伸ばせるのか、育成プログラムも整備されていく。当時の研究資金は非常に潤沢だったという。

もちろん、プットフ博士は物理学者として、遠隔透視の背景にあるメカニズムを解明しようとしていた。

ＥＳＰは電磁波に乗って情報が伝わるのではないかという「超能力の電磁波説」が、古くから提案されていた。ロシアの科学者ワシリエフは１９６３年、テレパシーは電磁波によって実現されるとした。同じくロシアのコーガンは１９６６年、低周波の電磁波がテレパシー情報を伝達するとした。しかし、電磁波説は、イメージは湧《わ》きやすいが、多くの困難を抱えている。まず、脳は遠距離を伝達するほどの電磁波を発生させるパワーに欠けている。実際、脳波などを測定しても、情報の知覚に役立つようなものは認められなかった。仮に人体が電磁波を発生させうるとしても、どのようにして電磁波に情報は込められているのだろうか。情報の受け手はどのように、その情報源を判定し、その情報を解読できるのだろうか、妥当な説明は難しい（参考：「明治大学・石川幹人《いしかわまさと》による超心理学講座」ホームページ）。

プットフ博士は遠隔透視について、この電磁波説が当てはまるのかどうか、実験で確かめてみることにした。電磁波は距離が長くなるにつれて減衰するという性質を持つ。もし遠隔透視に電磁波が関係しているなら、距離を長くすればするほど、遠隔透視の結果は悪くなるはずだ。ところが実験の結果、距離は関係ないことが分かった。

さらに透視者を潜水艦に乗せ、海底に連れていったこともあった。電磁波は完全に遮断されていたはずだが、それでも遠隔透視は可能だったという。これで電磁波説は完全に除外できる、何か他に既知の物理法則を超えたものが介在している可能性が高いとプットフ博士たちは考えた。だが、それ以上のメカニズムの解明は進まなかった。

ＣＩＡの中では、科学的な根拠に乏しい遠隔透視能力を利用することに抵抗感を持つ勢力のほうが強く、この能力の実戦利用に乗り気ではなかった。

しかし陸軍の諜報部（ＩＮＳＣＯＭ）が後を受け継いだ。アメリカ政府の諜報活動は、ＣＩＡが全てを統括しているわけではなく、アメリカ国防総省にも国家安全保障局という諜報機関があるし、さらに陸、海、空軍にもそれぞれ諜報部がある。その関係は複雑で、よくある話だが、勢力争いもある。実はこれが後に遠隔透視の命運を左右することになる。

アメリカ陸軍は、科学的根拠についてはあまり気にせず、上層部に超能力の理解者もいた。敵の情報が探れるのであれば、その原理が何であろうと構わないというスタンスだったのかもしれない。アメリカ陸軍は、遠隔透視の任務を遂行できる人材を養成し、実戦部隊を組織することに乗り出した。

超能力スパイ部隊・隊員第1号

アメリカ東部・バージニア州にシャーロッツビルという緑豊かな町がある。この町の中心部からさらに車で40分ほど分け入ったところに、その人は住んでいる。ジョセフ・マクモニーグルさん。アメリカ陸軍の超能力スパイ部隊・隊員第1号とされる人物だ。日本の民放では「FBI捜査官マクモニーグル」として、遠隔透視による行方不明者の捜索などがシリーズで番組化されていたから、ご存じの方も多いだろう。ユリ・ゲラーに次いで日本で有名な〝超能力者〟かもしれない。なお、彼はFBI（アメリカ連邦捜査局）に協力したことはあるかもしれないが、所属したことは一度もない。彼は生粋の軍人だった。

舗装された道路が途切れ、深い森の中の小道に分け入っていく。のどかな牧場風景が車窓に流れていく。この先に住宅があるのか少し不安になったが、教えられたとおり車を進めていく。小道が尽きるところに、森と調和した美しい一軒家があった。マクモニーグルさんの家だ。ここに妻のナンシーさん、愛らしい犬と猫たちと仲むつまじく暮らしている。

彼の書斎にはたくさんの賞状や勲章が飾られている。超能力スパイとしての功績が称《たた》えられたものが多く含まれているという。中でも自慢なのが「レジオン・オブ・メリット」という勲章だ。平時において困難な任務に格別の功績をあげた軍人に対してのみ授与される。「非常にもらうのが難しいんですよ。とても誇りに思っています」とマクモニーグルさんは笑顔で語っていた。

彼が超能力スパイに抜擢《ばってき》されたわけは、戦場での不思議な体験にあった。激戦を極めたベトナム戦争に従軍した時のことである。彼は現場の第一線で、敵の無線を傍受するのが主な任務だった。マクモニーグルさんはなぜか、自分のいる場所が攻撃を受けることを直前に察知することができたという。「ここは危ない！　場所を移そう」。マクモニーグルさんの提案を不審がる仲間たち。彼らを説得して脱出すると、その直後に砲撃を受けて砦《とりで》は破壊される。こんな間一髪の経験が何度も続いたという。彼の不思議な能力は評判になり、「生き残りたいなら、マクモニーグルについていけ」とささやかれるようになったという。

軍幹部は彼に何らかの特殊な能力があると考え、白羽の矢を立てた。マクモニーグルさんは呼び出され、極秘の指令を告げられた。

「軍隊に超能力プロジェクトが実際にあるとは全くの驚きでした。軍は、遠隔透視ができる人材を探していました。私はプットフ博士のいるスタンフォード研究所で試験を受け、六つのうちの五つで完璧《かんぺき》な結果を示した最初の一人でした。それで極秘プロジェクトに参加することになったのです」

長い研究期間を経て、マクモニーグルさんをはじめ試験をパスした3人を創設メンバーとして、陸軍に正式に超能力部隊が設置され、1979年には作戦にも利用されるようになった。置かれた場所は陸軍の中枢《ちゅうすう》を担《にな》うフォート・ミード基地だ。しかし、陸軍内でもその存在は極秘だったため、木造の目立たない建物の中で隊員たちは活動した。マクモニーグルさんたちは私服で基地に通い、家族にすら自分の任務を明かすことはできなかったという。

透視した巨大潜水艦

超能力部隊が正式に発足して間もないころ、マクモニーグルさんに重要な任務が与えられた。彼が渡されたのは偵察衛星が捉えた、北極海沿岸に位置する、ソ連の秘密工場の写真だった。偵察衛星といえども、その内部で何が行われているかまで、うかがい知ることはできない。そこで遠隔透視による諜報活動の出番というわけである。

2004年に公開された極秘文書の中には、この時のマクモニーグルさんについての報告書も含まれていた。録音を基にタイプ打ちされたと思われる生々しいやりとりとスケッチが数十ページにわたって残されている。報告書に記されているコードナンバー1とは、マクモニーグルさんのことだ。

関係者の証言だけでは、後日分かった事実をあたかも遠隔透視したかのように語り、話のつじつまを合わせてしまう可能性が捨てきれない。しかし、公式に記録された文書が公開されたおかげで、客観的に事実関係を検証することが可能になった。情報公開とはやはり大事なものである。

アメリカ陸軍では、遠隔透視は「モニター」と呼ばれる質問者と「ビューワー」と呼ばれる実際に透視する人との対話形式で進められていた。モニターも詳しい情報を知っているわけではない。ただ、透視者の関心が狭くならないよう適切に誘導し、より的確に情報を探らせる役目を担っている。

遠隔透視の時、マクモニーグルさんは頭を空っぽにするという。それは座禅による瞑想《めいそう》状態に似ているそうだ。何の先入観も持たず、頭に自然に浮かんだことを次々に口に出し、書き留めていく。これが遠隔透視のやり方だ。

この時、マクモニーグルさんが遠隔透視で描いたというスケッチには、潜水艦が描かれていた。彼の頭に浮かんだのは何隻《せき》もの潜水艦を建造している巨大な工場の内部だったという。内部には水が張られていた。

「私が超能力を使ってターゲットを透視すると、潜水艦の像がたくさん浮かんできました。それはこれまで見たこともないようなものでした。潜水艦を二つ並べたような構造だったのです。当時のどんな潜水艦よりも大きかった。それまでのソ連の潜水艦にはなかったような新しい性能がたくさんあった。私はそうした特徴を全て列記し、絵を描きました」

しかし、この報告を読んだ上層部の反応は実に冷たいものだった。そんなに巨大な潜水艦をソ連が開発できるはずはないと考えたのだ。

「当時、上層部は私たちに報告書を送り返し、『この報告書は全くの空想であり想像にすぎない』というコメントを付けてきました。その報告書を持ってきた私の上司は『このコメントに憤慨しているか』と尋ねました。私は『もちろんです。私には潜水艦の像が今も浮かび続けていますから』と言い返しましたよ」

透視するよう命じておきながら、その結果に取り合おうとしないのはおかしいと思うかもしれない。しかし軍の上層部には、遠隔透視部隊は正当な諜報活動を汚すオカルトだと敵視する一派がいたという。

一方、現場レベルでは彼らの情報に一目置いてくれる人もいた。マクモニーグルさんの忠告に従い、偵察衛星の画像分析部はこの秘密工場の監視体制を強化した。もし本当に潜水艦が建造されているなら、完成した直後と、潜航してしまう前のほんのわずかな間しか情報を得ることはできないはずだ。果たしてマクモニーグルさんの透視は本当なのか。

およそ4か月後、その秘密工場から巨大な潜水艦が出現するのを偵察衛星は見逃さなかった。それは後にタイフーン級と呼ばれることになる、世界最大の原子力潜水艦だったのだ。マクモニーグルさんの透視した結果どおりだったのである。

よく見ると、描かれたスケッチの細部に至るまで実物と一致していた。マクモニーグルさんは弾道ミサイルの発射管が潜水艦の前部にあると報告。当時としては考えられない設計だった。ところが実際の新型潜水艦の構造もそのとおりだったのである。浮上した直後に核ミサイルを発射できるよう開発された新しい技術だった。

マクモニーグルさんは超能力スパイとしての矜持《きょうじ》をこう語る。

「私は自分が知覚したものを、できるだけ正確に示さなければなりません。どんなに荒唐無稽《こうとうむけい》でもそのままを報告しなくてはならない。最終的に私は正しかった。自分の遠隔透視結果を信じることができて良かったです」

マクモニーグルさんは、その後も活躍を続け、「史上最も優秀な超能力スパイ」と評価されている。

この新型潜水艦のエピソードは、遠隔透視が成功した代表的なケースとして取り上げられてきた。懐疑派の中には「海沿いの秘密工場で、潜水艦が建造されていると当て推量することは十分に可能」だとして、遠隔透視の結果ではないと疑問視する声も多い。しかし当時の報告書という第一級の資料が公開されたおかげで、細部に至るまで透視した内容を解読し、検証できるようになった。その結果、偶然や後日のつじつま合わせでは説明がつかないほどの一致点が見いだされているのだ。

不可解な指令——知られざる戦闘機、ステルスの存在

遠隔透視が最も得意としたのは、秘密工場の内部や新兵器の開発状況を探ること。長い歴史の中には非常に奇妙なミッションもあった。１９８６年、ポール・スミスさんら複数のビューワーに与えられた任務である。

スミスさんはアラビア語に通じ、中東を専門とする陸軍の情報分析官だった。彼もまた、特殊な能力の素質を見いだされ、養成期間を経た後、超能力スパイとなったという。マクモニーグルさんを第1世代とすれば、スミスさんは第2世代に当たる。

あるミッションを受けた時、スミスさんが遠隔透視で描いたというスケッチには、

変わった形の飛行機が描かれていた。結論から先に言おう。彼が透視するよう命じられたターゲットは、当時、アメリカ軍が自ら極秘に開発した、レーダーに映らないステルス戦闘機だった。特徴的な翼の形などが非常によくスケッチに捉えられている。それにしても一体なぜ、自分の国の秘密兵器をわざわざ透視させたのだろうか。ステルス機の開発はアメリカ軍にとって、ごく一部の幹部のみが知るトップシークレットだった。軍幹部はその情報がソ連に漏れることを極度に恐れていた。もしソ連が超能力スパイを使ったとしたら、どこまで透視されてしまうのか。それを探るためにわざわざ自軍の兵士であるスミスさんたちに透視させたのだ。

もちろん、スミスさんたち超能力部隊にステルス戦闘機の情報は全く知らされていなかった。当時採用されていた遠隔透視のプロトコルでは、透視者に伝えられるのは、もはや暗号化された数字だけになっていた。ステルス戦闘機を全く知らないはずのスミスさんが示した結果は驚くほど実際の特徴と一致していた。しかも外見だけではなく、他にも知るはずのない極秘情報を言い当てたという。

「表面が特殊な素材で覆《おお》われ、レーダーで捉えにくいという特徴がある。コウモリのような翼があり、密《ひそか》に飛行するのが目的だ、ということまで分かりました。私たちがこれだけできるなんて、上官たちは驚きを通り越して脅威すら感じたそうです。きっとソ連も同じくらいの情報を透視しているに違いないと考えたからでしょう」

スミスさんの透視結果が、実際にどう生かされたのかは不明だ。超能力スパイたちに、何らかの結果がフィードバックされることはほとんどなかったそうだ。その後、1988年まで、ステルス戦闘機の存在は隠し通された。スミスさんたちは公表された時の新聞記事を見て初めて、自分たちが何を透視させられたか、その任務の意味を悟ったという。

実際にソ連にも超能力スパイが存在したのだろうか。その情報は極めて限られており、今回の取材では突き詰めることはできなかった。しかしプットフ博士によると、ソ連にも超能力スパイが存在したのは事実だという。

「遠隔透視スパイが打ち切られた後、ロシアの透視者とアメリカの透視者が集まって互いに経験を話し合うことがあり、大変興味深かったです」

原子力潜水艦を遠隔透視したというマクモニーグルさんも、この集まりに出席し、一緒に遠隔透視の実験をして楽しかったと言っている。米ソの超能力スパイによる諜報合戦が密に繰り広げられていた！　それが歴史的事実であることが関係者の証言からはうかがえるのだ。

遠隔透視部隊の廃止

１９８９年、ブッシュ大統領とゴルバチョフ書記長が地中海マルタ島沖の客船内で会談し、冷戦の終結を宣言した。第2次世界大戦後、半世紀近く続いた東西両陣営の緊張関係が解かれた歴史的な瞬間だった。

冷戦終結後、諜報活動の必要性は下がっていく。遠隔透視も例外ではなかった。予算も削減され、人材の補充もされなくなり、部隊に倦怠感《けんたいかん》が漂っていく。かつてのような華々しい成果もあげられない。何度も変更されたプロジェクト名は「スター・ゲート」となり、所管はＣＩＡに移された。

ＣＩＡといえば、およそ15年前に遠隔透視の採用を見送った経緯があり、遠隔透視に否定的な意見を持つ人が多かった。ＣＩＡはさっそく、遠隔透視の有効性を評価するよう、第三者機関に依頼した。そして作成されたのが、「遠隔透視の研究と応用に関する評価」と題する報告書である。この報告書が下した決断は以下のようなものだった。

「偶然よりも高い確率で、超常的な手段によって情報収集ができるという、統計的に有意な成果が認められる。しかしそれが遠隔透視によるものか、それ以外の原因によるものかは識別できない」

「最も重要なのは、遠隔透視で得られた情報は漠然として曖昧《あいまい》で、実際の諜報活動に必要な正確な情報を提供することが難しいということ。ゆえに遠隔透視を諜報活動に継続して利用することは認められない」

この報告が決め手となり、1995年6月、ついに超能力部隊は廃止された。

遠隔透視を擁護する人々は、この検証報告は20年以上にわたるプロジェクトの全貌《ぜんぼう》を検証したものとはいいがたい急ごしらえのもので、廃止するという結論ありきの検証だったと批判する。確かにこの報告書は遠隔透視のあらゆる事例を網羅的に検証してはいない。ごく限られた実験の報告を基に統計的な有効性を計算したのみで、実戦での利用実態については少数の関係者の証言に頼るだけだった。

しかし、遠隔透視がもたらす情報が不正確なことが多かったことも事実である。遠隔透視について書かれた数々のノンフィクションや元隊員の回想録の内容を総合すると、どうやら遠隔透視による情報は、参考として利用されることが多かったらしい。通常の諜報活動や偵察衛星による情報と、遠隔透視の情報を突き合わせることはあったが、遠隔透視の情報だけで判断されることはなかったようだ。

そのうえ、当時、軍事衛星などＩＣＴによる諜報活動が急速に進歩していた。情報としての確実性が低い遠隔透視に、もはや実用的価値を見いだせないという結論は妥当なのかもしれない。

それでもこの公式の評価報告書が、遠隔透視を完全否定せず、偶然とはいいがたい有意な結果を認めていたことは特筆すべきである。

そしてプットフ博士は政治的な理由でプロジェクトが閉じられ、科学的な研究も打ち切られてしまったことを今も無念に思っている。実戦利用は難しくても、基礎研究だけは続けてほしかったというのだ。

「冷戦の終結が打ち切りの主な理由でしたが、科学者としては継続してほしいと思いました。政府は遠隔透視がどれほど有効か科学的に見極めないまま研究を打ち切ってしまったんですから」

超能力スパイのその後

打ち切られた直後、超能力スパイの存在が報道によって初めてスクープされ、大きな注目を集めた。すでに退役していたマクモニーグルさんもこの時初めてテレビに登場し、軍の遠隔透視者だったことを告白している。アメリカ政府が延べ２０００万ドルもの巨額の予算を投じて超能力スパイを使っていたなんて、マスコミの目は批判的であり、ＣＩＡは釈明に追われた。当時のＣＩＡの長官は、遠隔透視の結果はいずれも取るに足らないもので、重要な意思決定に使われたことは一度もないと断言。懸命に任務を遂行してきた超能力スパイたちは、大いにプライドを傷つけられ、不当な評価だと憤《いきどお》りを感じたという。

その後、超能力スパイたちはどうしているのだろうか。

マクモニーグルさんは、テレビ番組で遠隔透視を何度も実行して有名になった。そして遠隔透視を利用したコンサルティング会社を設立し、現在も舞い込んでくるさまざまな依頼に対応している。クライアントからの依頼らしきメモや手紙がマクモニーグルさんの書斎のボードにいくつも貼《は》られているのを私はこの目で見た。秘匿《ひとく》義務があるため依頼内容は明かしてくれなかったが、行方不明者の捜索や投資先の選択が多いそうだ。依頼が途絶えることはなく、毎日のように遠隔透視を行っているという。そして遠隔透視を成功させる〝無〟の境地に自分を導くため、瞑想の訓練を欠かさない。私たちの目の前でも、その様子を見せてくれた。

実は、元隊員の多くは、こうしたコンサルティング会社を設立している。また、一般の人が遠隔透視能力を身につけることができるというセミナーもあちこちで行われており、退役軍人などが講師を務めている。軍からは見限られてしまった遠隔透視能力だが、アメリカ社会では、ある程度認知され、小規模ながらビジネスとして成立しているのは事実だ。

さらに、プットフ博士、マクモニーグルさん、スミスさんが3人とも一致して証言した極めて興味深いことがある。２００１年9月11日のアメリカ同時多発テロの後、テロ組織の動向を遠隔透視してほしいという依頼が元隊員たちにあったというのだ。アメリカ政府に直接頼まれたわけではないが、間接的に政府の諜報活動に役立てられた可能性もあるという。遠隔透視が有効だと考える人は今も存在するということだ。

しかし、科学的な研究は残念ながら途絶えたままである。かつてのプットフ博士のように現在も実験や理論的探究を続けているアメリカの研究者はついに見つけることはできなかった。もし遠隔透視能力が存在するとしても、その科学的根拠は謎に包まれたままなのである。

遠隔透視能力を検証せよ

20年以上にわたって続けられた遠隔透視の極秘プロジェクトは、どれほど確かなものだったのだろうか。9万ページに及ぶ極秘資料が公開されてはいるが、その中に正解率をきちんと統計した資料は残念ながら存在しない。関係者によると、現在公開されているものは氷山の一角にすぎず、まだ膨大な量の重要資料が機密のままになっているはずだという。

いくら国家が認めた超能力とはいっても、過去の話だけでは物足りない。遠隔透視能力が本当に働くのか客観的に確かめることこそ、今回の番組に求められるスタンスである。そこで私たちは独自の実験を試みることにした。

協力してくれるのはあのステルス戦闘機の透視に成功したというポール・スミスさんと、彼の同僚だった元超能力スパイのレオナルド・ブキャナンさんだ。二人は同じ時期に超能力部隊に在籍し、苦楽を分かち合った旧友だ。

スミスさんに、ニューメキシコ州に住むブキャナンさんを訪ねてもらった。ブキャナンさんは、暑い夏でも過ごしやすいメキシコ風の白壁の住居で田舎暮らしを楽しんでいる。久しぶりの再会に抱き合う大男二人。思わず笑みがこぼれる。

二人とも軍を退役した後、遠隔透視能力を利用したコンサルティング会社を設立して活動を続けており、現在でも遠隔透視能力はさびついていないという。国際遠隔透視協会（IRVA）の活動にも従事し、遠隔透視の歴史的研究や普及活動にも参画している。特にスミスさんは情報公開運動の先頭に立って9万ページの機密資料の公開を実現させた男だ。9万ページの資料、全てに目を通しており、遠隔透視の生き字引と言える歴史家でもある。

「いつもうまくいくわけではないことを理解してくれるなら、喜んで協力するよ」

気さくな二人は私たちの申し出に応じてくれた。

私は、かつてアメリカ軍で実際に採用されていたものとなるべく同じ方法で実験することにこだわった。さらに厳密な条件を設定するため、日本の専門家にも協力を仰いだ。

一人は明治大学教授の石川幹人さんだ。日本では数少ない超心理学の専門家で、人間の未知の能力を科学的に検証してきた。認知情報論の専門家として人工知能などを研究した経験があり、幅広い知識と柔軟な発想を兼ね備えている。実は石川さんが著した『超心理学　封印された超常現象の科学』（紀伊國屋書店）は、今回の企画を立ち上げる時に大いに示唆《しさ》を受けた1冊だ。番組全体についても的確な助言をいただいてきた。

もう一人はマジシャンのパルト小石さん。さまざまなトリックに精通しており、心強いアドバイザーとして、企画がスタートした当初から協力を仰いできたのは前述したとおりである。

3人目はサイエンス作家の竹内薫さん。物理学を専攻し素粒子物理学や量子論に精通した理学博士でもある。最新科学の観点から超常現象を考察する書物の翻訳も手がけている。超常現象については最初から眉唾《まゆつば》と退けるのではなく、まずは検証してみようという立場だ。

実験方法は、スミスさんやブキャナンさんの意見も聞きながら、私が基本案を考え、絶対に不正の余地がないよう、最終的には石川さんに監修してもらった。その内容、条件は以下のとおりである。

①遠隔透視のターゲットは、首都圏のさまざまな場所で撮影された12枚の風景写真とする。

選定にあたっては、似た場所にならないよう、それぞれ特徴が明瞭《めいりょう》な場所にする。

②写真1枚ずつに、1301から1312まで（2013年の1番から12番という意味）、異なる番号を振り、別々の封筒の中に入れる。シャッフルを繰り返し3人の監修者もNHKスタッフもどの封筒にどの写真が入っているのか分からなくなるようにする。不正に中身を見ることができないよう、緘《かん》をし、その上に3人が署名する。誰かが不正に開封すれば絶対にばれてしまう。

③これらを束ねて一つの小型金庫に入れ、日本で厳重に保管した。鍵《かぎ》は石川さんが保管し、NHKのスタッフが開けることはできない。
④これらの作業は全て日本で行われ、アメリカで遠隔透視を実際に撮影するスタッフとは完全に別のスタッフが撮影する。どんな写真が選ばれたかは、私も含めてアメリカのスタッフには一切告げられない。もちろん、スミスさんとブキャナンさんには、ターゲットが日本の風景であることさえ、一切伝えない。
⑤どのターゲットを透視してもらうかは、実験当日、12面体サイコロを振って無作為に決定する。
⑥結果判定は後日、日本において、3人の立ち合いの下に行う。それまで封筒は決して開封されない。開封する直前に、遠隔透視の結果（言葉とスケッチ）とビデオを見て、一致点が多い写真を3人の合議で決める。そのうえで開封し、遠隔透視と写真がどの程度一致しているかを判定する。

この一連の条件を聞いて、パルト小石さんは驚いた。

「いかにトリックが入り込む余地を防ぐかということを、『不可能設定』と呼んでいるんですけど、マジシャンの立場から見て、今回の実験の場合、その不可能設定が1

00パーセントだと思うんですよ」

竹内さんもさすがに遠隔透視は無理だろうと予測した。

「サイエンス作家としては、わくわくするような意外な結果が出ることを期待する気持ちもあるんですけど、正直言って結果が出るかどうか。事前の段階では出ないんじゃないかなという読みです」

石川さんは過去にないほど厳密な実験設定をクリアして遠隔透視が成功すれば、かなりの説得力を持つと期待した。現代の科学法則で説明できないものが映像で捉えられたという、歴史的な発見になるかもしれない。

実験は、アメリカ軍で行われていた方法と同様に、スミスさんとブキャナンさん、二人の対話形式で行った。一人は実際に透視する「ビューワー」、もう一人は的確な指示を与え、相手をサポートする「モニター」と呼ばれる役目を務める。役割を交替し、一人が2回ずつ、合計4回実験を行った。

そのうち2回目のセッションでは、スミスさんが透視した。その様子を実況してみよう。何度も述べるが、サイコロでミッションを無作為に選ぶ以外は、アメリカ軍で行われていたやり方をかなり忠実に再現している。

サイコロは「10」と出た。ターゲットは1310の封筒である。二人はこの番号を確認。スミスさんはおもむろに透視を開始する。ウォーミングアップやイメージを膨らませるかのような時間は全くない。必死に何かをイメージしようと苦悶《くもん》する姿を予想していたが、次々と思いつくままに、ターゲットの特徴を表す形容詞を発して書き留めていく。そしてスケッチも描き始める。そのスピードは非常に速い。

「鼻につくにおい。腐ったようなにおい。ががやがやしている。とても騒がしい」

スミスさんは視覚情報だけではなく、においや音についても語り始めた。実は遠隔透視は、封筒の中に隠された写真そのものを透視するわけではない。写真に写っている風景だけでなく、周りの状況や雰囲気まで感じ取れるという。においや音なども感知することができるというのだ。その意味では「遠隔透視（リモート・ビューイング）」という用語は必ずしも正確ではなく、「リモート・センシング」か「リモート・フィーリング」とでも呼んだほうがより適切かもしれない。

ブキャナンさんが時折、質問や指示を与える。

「目標の300フィート上に動いてみて。真上からのターゲットが見えるはずだ」

透視者の視点を誘導しているのだ。スミスさんがそれに従い、今度は俯瞰図を描いていく。

それは曲がりくねった路地のようなところだという。そして終盤になって、決定的な特徴を語り出した。

「マーケットのエリア。市場。第三世界の市場のようだ」

遠隔透視はおよそ30分で終了した。これはだいたい標準的な所要時間で、集中力の持続の点からいっても、この程度が限界だという。

後日、この遠隔透視の様子を撮影したビデオを、石川さん、小石さん、竹内さんの3人に見てもらい結果を判定してもらった。

3人は「マーケット」という言葉を聞いて驚いた。12枚の中には「アメ横商店街」が含まれていたからである。がやがやとにぎわっている点や、魚介類を扱う店が多く、スミスさんがにおいを感じた点などが一致していた。「アメリカ人は生魚のににおいになじみがないので、腐ったようなにおいと感じてもおかしくない」と竹内さんが指摘する。

実際にターゲットに選ばれていた1310の封筒の中身はどうか、3人は固唾《かたず》をのんだ。もちろん、私もである。

開封してみると、その写真はアメ横ではなく、青山墓地の写真だった。全くの不一致。かすってもいない。今回の実験では、完全にニュートラルな立場で検証しなくてはならないのだが、思わずため息が漏れる。正直私も落胆を隠せなかった。

それだけではなかった。ブキャナンさんが行った１３０６番の封筒の遠隔透視では、彼は「これはとてもつまらない、退屈な場所だ。人があまりいない。川沿いにあり、草が生えている」と報告した。

12枚の写真の中には河川敷のゴルフ場があった。平日の人気が少ない時間帯なら退屈な場所と見えてもおかしくない。何よりも、川と草という特徴が一致していた。しかし、実際のターゲットは「競艇場」だった。これも一致点はほとんどない。

さらにもう1回の実験では、１３０３番が選ばれ、スミスさんは丸いドームのようなものを三つ描いた。3人の意見は、ガスタンクが三つ映し出された写真と非常によく似ているということで異論なく一致した。

実際の中身は、湾岸にある国際展示場・東京ビッグサイト。またしてもはずれだ。結局、4回中4回とも封筒の中身を言い当てることはできなかった。竹内さんはこう感想を語る。

「正直ほっとしている。これだけの厳しい条件で、もしも当たっていたら、科学では説明のつかない現象を目の当《ま》たりにしてしまうことになったでしょう。科学の修正を迫られなくてすんだ。当たり前の結果が出たともいえる」

小石さんの見解はこうだ。

「マジシャンとしての立場からいえば、ハードルが高く、トリックが入り込めなかったからできなかったという見方もできる」

石川さんは実験結果に恣意《しい》的な解釈は許されず、失敗は失敗だという。「こういった厳しい条件で行うと、再現性はないことが分かりました」と総括した。

しかし、4回中3回は、よく似た特徴の写真が12枚の写真の中に含まれていたことについては全員が気にかかっていた。

4回とも一致しなかったという結果をスミスさんとブキャナンさんに正直に伝えた。二人は残念がり、失敗を率直に認めたうえで、なぜニアミスが起きたのかについてスミスさんなりの解釈をメールで送ってくれた。

「遠隔透視の世界では『転置効果（displacement）』という現象が時々起こるんだ。同時に設定されたターゲットの番号を取り違えて、ずれたまま透視してしまう。遠隔透視者として犯してはならないミスだが、もしかしたらそれが起きたのかもしれない」

ただ、12枚の封筒を一つの小さな金庫に閉じ込めたターゲットの保管方法に関して、彼らは問題点を指摘せず、転置効果が起きた具体的な原因については踏み込んで語らなかった。

い経験だったよ」

「できなかったのは、ただ単に、私たちが老いぼれたからだけかもしれないね。楽し

言い訳はせず、あくまで淡々と実験に協力してくれた二人だった。

公開された膨大な機密資料からは、遠隔透視の結果と実際のターゲットが符合したという過去の事例が少なからず確認されている。しかし、現代において、カメラの前で遠隔透視が成功する様子を再現することはできなかったのである。

私たちは今回の番組を通して、念力、透視などの典型的な超能力について、決定的な瞬間を捉えることができれば画期的だという期待を持っていた。かといって冷静に中立に検証する態度を忘れてはならず、厳密な条件を保つことを何よりも優先していた。

その結果、目に見えるような超能力の効果の決定的瞬間は一切記録できなかった。もちろんさらに時間をかけ、世界中で実験協力者を探せば、いつかは厳密な条件で誰もが納得できる超能力が撮影できる、という可能性は残されている。しかし少なくとも今回の番組では、「可視的な超能力は確認されなかった」という結果が出た。

やはり、超能力は幻なのだろうか。実在しないのだろうか。

かくして私たちは第2ラウンドに移る。現在、科学的な研究対象として盛んなのは、

実は可視的な超能力ではないのだ。注目されているのは、膨大なデータ解析によってのみ浮かび上がる、小さな、しかし無視できない人間の未知のパワーが存在する可能性なのである。

第二部
秘められた未知のパワー
〜超能力〜

episode 3
テレパシーと脳

動物に備わる未知の力

イギリス・ロンドンに、ユニークなアプローチで人間の未知のパワーの解明に挑み続けている研究者がいる。生物学者のルパート・シェルドレイク博士だ。生物学の視点で、人間の未知の能力の謎《なぞ》に迫る著作を数多く手がけてきた作家でもある。現在、どの組織にも属さず、マイペースな研究活動を続けている。

シェルドレイク博士は、超能力のうち、特にテレパシー（telepathy）に注目している。

「tele-はギリシャ語で『遠い』という意味、-pathy は『感情』の意味です。sympathy（同情）や empathy（共感）という言葉もありますよね。ですからテレパシーのもともとの意味は『遠い感情』です。これは動物や人間が、自分が属している集団の他のメンバーが経験している何かを感じる能力だと思います」
生物学者らしく、彼は動物の行動観察をヒントに独自の考えを構築してきた。例えば、大空を舞う数万羽の鳥の大群。無数の鳥が、まるで一つの生き物であるかのように、瞬時に同じタイミングで向きを変えながら飛んでいく様子は圧巻だ。なぜそんなに統率がとれ、互いにぶつかることなく、瞬時に一体化した動きができるのか、実はよく分かっていない。映像を解析すると、通常の視覚、聴覚を使って周りの仲間に合わせながら行動するのでは説明がつかないほど、群れの大きさに関係なく、同時に行動しているという研究結果もあるからだ。

もちろん、通常のコミュニケーションによる行動にすぎないと考える生物学者も多い。しかしシェルドレイク博士は、鳥が大群で一体化して行動する時、何らかの手段で互いに意識を通じ合わせているのではないかという仮説を唱えている。つまり、鳥にはテレパシー能力が備わっているのではないかというのだ。

動物には、私たちにはうかがい知れない能力が備わっていることは事実だ。例えば、長距離を正確に移動する渡り鳥や生まれた川に必ず戻ってくるサケ。人間には感知することができない、地磁気を感じる能力が生物には備わっており、それを頼りに移動しているとされている。しかし地磁気だけでは移動の方向は分かっても、正確なポイントまでは分からないはずだ。どうやって正確にたどれるのか、まだ完全には解明されておらず、生物学者の間で議論になっている。

このように動物の能力には未知の領域がある。それと同様に、人間にも未知の能力が備わっていてもおかしくはない、というのがシェルドレイク博士の主張だ。超能力は、まだ分かっていない人間の本能の一種で、潜在能力ではないかというのだ。

「テレパシーは、動物の集団の中では、普通のコミュニケーション手段だと思います。私たち人間も動物の一員であり、テレパシー能力が備わっていても不思議ではないと思います」

シェルドレイク博士の考えに従えば、超能力は、一部の特殊な人に備わっているものではなく、誰にでも備わっていることになる。本当にそんなことがあるのだろうか。

日常生活に隠されたテレパシー

シェルドレイク博士は、日常生活で誰にでも思い当たる節があるような、身近な現象に注目している。誰かのことを心に思い浮かべたちょうどその時に、その当人から絶妙のタイミングで電話がかかってくる現象だ。思わず「たった今、あなたのことを考えていたところなのよ」と言ってしまうような経験。皆さんにも心当たりはあるのではないだろうか。シェルドレイク博士は、こんな現象が、ある種のテレパシーの表れではないかと考えている。

「ほとんどの科学者はこれを単なる偶然だと考えます。テレパシーなんてありえないと思っているからです。しかし誰もそれを確かめていません。そこで私はある実験を考え出したのです」

シェルドレイク博士は、在野の研究者らしく、シンプルな実験を考案し、誰にでも〝参加できる〟科学を目指している。科学の常識にとらわれず、自ら真実を探る面白さを体験してほしいのだという。私たちは、シェルドレイク博士が考案した「電話テレパシー」実験をデモンストレーションするため、一般の協力者を募って実際に行うことにした。その実験の手順は以下のとおりである。

①まず電話を受ける人が一人必要。今回はニッキー・スレイドさんという女性が担当する。
②電話をかける人は4人。いずれもニッキーさんの親しい友人。
③実験を監督する人が、別に一人いる。その人が電話をかける人を無作為に選び、ニッキーさんに電話をかけるよう指示する。

④選ばれた人はニッキーさんのことを強く思い浮かべてから電話をかける。
⑤ニッキーさんは受話器を取る前に、誰からかかってきたかを口頭で宣言。これを何回も繰り返し、正解率を調べる。
⑥実験回数は実験を始める前にあらかじめ決めておかなければならない。気分によって実験を途中でやめたり、延長したりすれば、正しい正解率は出てこないからである。今回は合計12回行うことにした。

参加者5人はいずれもロンドン市内に住んでいるが、家は離れている。言うまでもないが、受け手のニッキーさんは番号表示が出ない固定電話を使用する。電話をかける4人の部屋に固定カメラをセットし、実験を開始した。最初に電話をかける人に選ばれたのはハンナさんだ。実験では、ダイヤルする前に必ずニッキーさんのことを強く心に思い浮かべることになっている。そして電話——。

ニッキーさんの電話が鳴る。私たちスタッフはニッキーさんに密着して撮影中。誰からかかっているかはもちろん知らない。ニッキーさんは電話を取る前に、声を出して頭に浮かんできた人の名前を宣言する。深く考えてはいけない。あくまで直感である。ニッキーさんは、アンガスさんだと予想した。実際かけてきたのはハンナさん。

残念、不正解だ。

およそ10分おきに、電話をかける人が選ばれ実験は続けられる。ニッキーさんの電話がまた鳴った。今度は誰だろうか。ニッキーさんはギータさんと予想、見事正解した。思わずガッツポーズのニッキーさん。時間がかかり、根気はいるが、ゲーム感覚で楽しめる実験だ。

こうしておよそ2時間かけて、12回実験を行った。4人の中から選んでいるのだから、当てずっぽうでも4回に1回は当たるはずだ。ニッキーさんは3回正解、正解率は25パーセントだった。ちょうど偶然で当たるのと同じ確率である。これだけなら実験結果に何の不思議もない。

ところがシェルドレイク博士は、ごく普通の人たちおよそ200人を対象に、こうした実験を延べ約850回も行った。こうすると少ない実験回数では見えなかった〝効果〟が浮かび上がってくる。

最初に行った約570回の実験では、正解率は平均40パーセントだった。さらにシェルドレイク博士は、参加者が〝ずる〟をしているのではないかという疑問に答えるため、ビデオカメラで撮影して不正をチェックしながら、約270回の実験を追加して行った。すると正解率は45パーセントに達したのだ。これほど高い正解率が出る確率は、統計学的には1兆分の1にもなるという。とても偶然では説明しきれない結果だとシェルドレイク博士は言う。

「電話をかける前には相手のことを思い浮かべますよね。実はこのことがテレパシーのような能力を呼び覚ましている可能性があると思います」

シェルドレイク博士は落ち着いた口調で自説を語ってくれた。

「文化人類学者の報告の中には、アフリカ、アジア、南米、北米で伝統的な暮らしを続ける先住民の間で、テレパシーが一般的な伝達手段として当たり前に使われているというものもあります。親戚《しんせき》の人が病気になったり、誰かが訪問してきたりするのを、テレパシーを使って知るのは普通のことだと彼らは思っているのです。私は現代人にもテレパシー能力が残っていると考えます。しかし多くの場合、人々はそれを無視したり否定したりします。テレパシーに気づかない、練習しないことでテレパシー能力は退化してしまったのではないでしょうか」

これはあくまでシェルドレイク博士独自の仮説である。しかし、電話テレパシーの実験結果は、多くの普通の人々にテレパシーのような能力が備わっている可能性を示していると博士は考えている。

超能力は誰にでも備わっている潜在能力か

実は、シェルドレイク博士と同様に、現在、超能力を科学的に検証している人のほとんどが、超能力は人間の潜在能力ではないかと考えている。ごく弱いが誰にでも備わっているというのだ。

一般の人を対象に、膨大な回数の実験を行い、何らかの超能力的な効果を統計学的に浮かび上がらせる。シェルドレイク博士の方法論は、現在の超能力研究の典型的なものと見なせるだろう。そしてこれは、超心理学の父であるラインがESPカードの実験で創始した手法だ。

しかし、統計学的手法を駆使した超心理学の実験は、大きな課題を抱えている。たとえ統計的に有意な結果が出たとしても、その現象がなぜ起きたのかを説明する科学的な原理を提示できず、それ以上の研究がなかなか展開しないのだ。このことは、超能力研究が科学の世界で認められにくい大きな原因となっている。

電話テレパシーの実験では、正解率が偶然の結果で45パーセントになる確率は1兆分の1であり、何らかのテレパシー的な効果があるはず、という結論だった。しかしいくら1兆分の1と言われても、納得できるメカニズムが提示されていなければ、これだけでテレパシーの存在を信じることは普通の感覚ではできないだろう。

電話テレパシー実験の場合、アムステルダム大学とフライブルク大学の二つの研究グループが追試を行っている。アムステルダム大学の実験はシェルドレイク博士の結果を支持した。フライブルク大学は、正解率は偶然より高かったものの、有意といえるほどではなかったとしている。

さらに懐疑的な研究者は、超心理学実験の統計に何らかのバイアス（調査、分析時に起こるさまざまな偏り《かたよ》）がかかっている可能性や、そもそも実験方法がずさんなのではないかと指摘することが多い。

しかし、懐疑的な学者できちんと反証実験までやって発表した人はほとんどいない。その代表格であるロンドン大学のフレンチ博士（第一部で「幽霊」を見る現象の科学的解明にも登場した心理学者）が試みたことがあるというので、取材したところ、あまりに結果が出ないのでばからしくなって途中でやめてしまったということだった。

何回も試行を繰り返す超心理学の実験では、反証実験をやるのにも相当な労力がいる。だから反証データで否定するというすっきりとしたやり方はほとんど行われていない。超能力の真偽をめぐる論争は、実験方法などについての批判に終始し、なかなかかみ合っていないことが、中立的な取材者の立場から見るとよく分かった。

もう一つ、典型的な疑問点として挙げられるのが、参加者の選定である。シェルドレイク博士の場合、実験に参加を希望する一般の人から募って、延べ200人もの参加者を確保した。実験に応募してくれる人々は一般に、超能力に対する関心が高く、どちらかというと「そういうものがある」と信じている人が多いのは想像に難くない。つまり、実験に臨む〝やる気〟が高いのである。

明治大学の超心理学者、石川幹人さんは「超能力実験は、スポーツの能力テストに似ている」と言う。運動能力には、個人差、優劣がある。やる気があり、しかも能力が高い人が集まれば、当然優れた平均成績を出すだろう。もし人間の秘められた未知のパワーが存在するとしたら、それは運動能力に似て個人差があり、メンタルな状態が影響するはずである。超能力実験の成功を信じる被験者で行われた実験は、有意な結果が出やすいというのである。

一方、超能力に懐疑的な研究者が、超能力に関心のない、つまりやる気のない被験者を集めて実験を行っても、有意な結果が再現しにくい傾向がある。これは超心理学で「ヒツジ—ヤギ効果」と呼ばれ、大きな課題になっている。成功を信じる被験者をヒツジ、成功を信じない被験者をヤギにたとえた言葉である。

物理、化学などの自然科学で、その結果を科学的事実と認めるには、追試ができること、すなわち「誰が実験しても同じ結果が再現できる」というのが絶対条件である。超能力実験の多くは、この条件を満たしていないため、科学の世界でなかなか認められないのである。

無作為抽出で被験者を選べば解決するのかもしれないが、実験でかなりの時間拘束されるため、この方法では被験者の人数を確保することは極めて難しい。多くの超能力実験は、希望者を募ったり、研究者の身近から集めたりしているのが実態だ。勢い、やる気の高い被験者グループにならざるをえない。

超能力研究で、ブレイクスルーを生み出すためには、統計的手法以外の科学的根拠を探る研究が不可欠になってきている。今、大きな壁にぶつかっているのだ。

脳を探れ――ワシントン大学医学部の研究

私たちの海外での取材、撮影期間は2か月近くに及んだ。8月10日から1か月余り、アメリカ各地を転々とした後、イギリスに渡って10日間ほど取材と撮影を実施。そしてアメリカにもう一度戻るというハードなスケジュールだ。

9月26日、研究者のスケジュールに合わせて、再びアメリカに戻ってきて到着したのはワシントン州・シアトルだった。すでに秋風が吹き、肌寒い。

今回、万難を排して取り上げたかった研究の取材が始まろうとしていた。先ほど述べた、超能力研究の壁を突破しうる、科学的証拠をつかもうとしている最新の実験が、この地で行われているのだ。

最先端の医学研究で知られるワシントン大学医学部。ここでは、脳科学を使ってテレパシーが本当に存在するのかしないのか、その謎に迫っている。脳の活動を精密に捉《とら》えるｆＭＲＩ（磁気共鳴機能画像法：functional Magnetic Resonance Imaging）を使って厳密な検証を続けているのだ。

ＭＲＩは装置の中に入った人にごく弱い電磁波を当てて、体や脳の断面を撮影することができる。健康状態のチェックや、病気の早期発見などに大きな役目を果たし、今や医療現場に欠かせない。これに「functional（機能）」の頭文字を付けたのがｆＭＲＩで、脳を画像化すると同時に、脳内の血流の変化を精密に測定することで、脳のどの部位が変化したか、詳しく調べることができる。現在最も進化した脳機能の画像化手段の一つである。

以下、ｆＭＲＩの原理を分かりやすく解説するホームページがあるので引用させていただく（長寿科学振興財団「健康長寿ネット」ホームページ）。

「私たちの体の血液の中にはヘモグロビンと呼ばれる物質があり、酸素を運ぶ役割を果たしています。酸素を手放した後のヘモグロビンは『脱酸素ヘモグロビン』と呼ばれ、ごく弱い磁石のような性質（磁性）をもっています。この性質のため、MRIの磁場はわずかに乱されて、信号は弱められて返っていきます。しかし神経細胞が活動すると、その神経細胞に酸素を供給するために、酸素と結びついた『酸素ヘモグロビン』が流入してきます。そのため、磁場を乱していた脱酸素ヘモグロビンが少なくなって、弱められていたMRI信号の強さが回復して強くなります」

「手足を動かしているときには一次運動野が働いているので、そこへ酸素ヘモグロビンが流れ込み、MRI信号が強くなります。そこで、たとえば手を握ったりひらいたりしているときのMRI信号と、何もしていないときのMRI信号を比較すれば、一次運動野がどこにあるのか画像の上に示すことができるのです」

このfMRIで何らかのテレパシーの手がかりが捉えられるかどうかを調べようというのである。

この研究は3人の科学者のチームで行われてきた。その中心はリアナ・スタンディッシュ博士である。ワシントン大学客員教授を務める傍ら、バスティーユ大学の教授として長年研究活動を続けてきた脳神経学者である。

もう一人は、トッド・リチャーズ博士。放射線医学者で、fMRIによる脳のイメージングのプロである。さらにクラーク・ジョンソン博士。膨大な実験データの解析を担当している。

この3人は、いずれも60歳を超えたベテラン研究者だ。遠く日本から自分たちの研究に注目してやってきた私たちスタッフに敬意を表して、とても熱心に対応してくれた。

「誰もが納得するような科学的手段でテレパシーのようなつながりがあるかないかを解明するのが実験の目的です」

そう語るスタンディッシュ博士の言葉は、まさに私たちの取材目的を代弁してくれていた。

「脳の同期現象」の謎

スタンディッシュ博士たちのチームが実験で検証しようとしているのは、空間的に遮断されているにもかかわらず、二人の脳が同期して活動するという現象である。いわば二人の脳の活動がつながることがある、というのである。実はこの現象は古くからその存在が指摘されていた。

1965年、アメリカのジェファソン医科大学のデュアンらが、一卵性双生児の間で、脳波が同調する現象を確認し、権威ある科学誌『サイエンス』で発表したのが最初である。

昔から双子の間では、一方が感じていることを片方も感じたり、一方が危険な目に遭うと、もう片方もそれを察知したり、いわゆる以心伝心が起こりやすいといわれてきた。これも現代科学では説明できない超常現象の一つだといえるが、それを実験で確かめようとしたものだった。

実験では、15組の双子に協力してもらい、それぞれ6メートル離れた個室に隔離した。人間が目を閉じたり開いたりするのを繰り返すと、アルファ波と呼ばれる8～13ヘルツの周期を持った脳波が発生する。そこで、双子の片方だけ、目を閉じたり開いたりしてもらいアルファ波を起こさせる。もう片方はじっとしているだけだ。その結果、15組中2組で、アルファ波の同時的な発生が観察されたのである。脳活動の同期現象が初めて科学的なデータで捉えられた実験だった。

デュアンの研究を嚆矢《こうし》として、散発的ではあるが、脳活動の同期現象について20を超える論文が発表されている。そして双子だけではなく、家族や、親しい友人やカップルの間でも起こることが報告されてきた。

脳の同期現象では、意味がある情報や思考内容が伝えられているわけではなく、典型的なテレパシーとは言えないかもしれない。しかし、テレパシーの解明につながる重要な手がかりとして注目されてきたのである。そのメカニズムは今日に至るまで不明だ。

スタンディッシュ博士も、先行する論文に触発されて、脳の同期現象の解明に乗り出した。彼らが画期的なのは、脳のイメージングのプロ、リチャーズ博士の協力を得て、その実験にｆＭＲＩを導入し、より明快な科学的証拠を得ようと試みていることだ。ｆＭＲＩでは、磁力が強ければ強いほど、より精密なデータが得られるが、ワシントン大学では最近3テスラ（磁束密度の単位）の高性能のｆＭＲＩ装置を導入していた。

ただ、スタンディッシュ博士は自分たちの実験に「テレパシー」という言葉を使うことには抵抗感があるようだった。世の中には、巧みな会話術やトリックを利用して、あたかも他人の心をテレパシーで読んでいるかのような能力を持つと見せかける人も多く、やはり眉唾《まゆつば》のイメージがつきまとうからだ。自分たちの研究は、あくまで脳科学という本流科学の延長線上にあるという自負を持っていた。

ところで、テレパシーと脳科学には深い縁があるのをご存じだろうか。1920年代に、脳波を発見し脳波計を発明したのは、ドイツのハンス・ベルガーだ。彼が脳の謎を解明しようと思い立った動機は、なんと自分自身のテレパシー体験だったという。

若きベルガーは騎兵隊に志願し、乗馬の訓練に励んでいた。ある朝、ベルガーが乗っていた馬が突然暴れ出し、ベルガーは宙に放り上げられ落馬してしまった。その時、別の馬に引かれた鋼鉄の大砲が目の前に迫ってきた。潰《つぶ》される、もう駄目だと思ったとベルガー。ところがすんでのところで馬が立ち止まり、命拾いした。

ちょうどそのころ、遠く離れたベルガーの実家では仲の良かった姉がわけもなく、不吉な気持ちに襲われていた。ベルガーの身に何か悪いことが起きたに違いないというのだ。彼女があまりに心配するので、父親はベルガーに電報を打った。それまで電報など受け取ったことがなかったベルガーは、驚く。この不思議な一致は、きっと自分が感じた死の恐怖を仲のいい姉が感じ取ってくれたからだ、死の危険に直面して自発的に起こったテレパシーだとベルガーは考えた。そして彼は、不思議なテレパシーの源は脳にあるのではないかと考え、その謎の解明に生涯を捧《ささ》げることを決意したのである。

長年の努力によって、彼はついに脳波の記録法を発見する。最初の情熱を忘れることなく、彼は催眠状態におけるテレパシーの実験を繰り返したが、その謎はついに解明できなかった。しかし、その大きな副産物として、脳波の記録という現代の脳神経科学に欠かせない技術が得られたのである。この技術が人類にもたらした恩恵たるや計り知れない。

「脳波の父」、ベルガーの歴史秘話は、超常現象への挑戦が時として科学に大きな進歩をもたらすことを示している。こうしたことが、現代においては起こらないと誰が決めつけることができるだろうか。超常現象への挑戦は、新たな科学の可能性を切り開くかもしれないのである。

心が通じ合う？　不思議な経験

さて、今回、ワシントン大学のスタンディッシュ博士たちの実験を受けることになったのは、ゲイル・ヘイスンさんとトム・カーガイルさんである。

ゲイルさんは、カリフォルニア州のセバストポルという町に住む主婦である。この辺りはカリフォルニアワインの産地として知られ、なだらかな丘陵地にぶどう畑が広がる風光明媚《めいび》なところだ。ゲイルさんを訪ねたのは9月、陽光がきらめき、ちょうどぶどうがたわわに実っていた。

ゲイルさんの家は、一度訪ねたら、また来たくなるような雰囲気をたたえている。白い邸宅を囲む広い敷地にりんごやぶどうの果樹が植えられ、四季折々の野菜が採れる菜園、そしてにわとりの飼育場まである。ほぼ自給自足の生活が送れるという。

ゲイルさんはとにかく明るく、チャーミングな女性である。時々豪快に笑い、周りの人を明るくさせてくれる太陽のような魅力を持っている。

二人が知り合ったのは3年前のことだ。ゲイルさんが隣町に住む大工のトムさんに、使わなくなった納屋《なや》の改築を頼んだのがきっかけだった。今ではとても仲のいい友人である。トムさんは朴訥《ぼくとつ》とした性格で口数は多くない。がっしりした体つきで、堅実な職人そのものである。

ゲイルさんとトムさんは、二人ともごく普通の人だ。ただ、ゲイルさんはいわゆる勘が鋭く、何となく予感が当たったり人の考えていることが分かったりすることがよくあるという。特にトムさんとは、不思議とお互いの考えが通じ合うことが多いという。その最初の出来事は、トムさんに納屋の改築を始めてもらったばかりの時に起こった。

ある夜、ゲイルさんはベッドの中で、納屋の窓を最初に決めた場所ではなく、全く別の場所に造りたいと思いついた。しかし、もう指示を出してしまったので窓の取り付けはすんでしまったかもしれない。「もう遅いかな」とちょっと後悔しながら、翌朝すぐに工事現場に向かった。

ところが、窓はまさにゲイルさんが望んだ位置に取り付けられていたのである。トムさんは「目が覚めると、この窓はここへ移すべきだと思いついたので、変えてみたんですが、これで良かったでしょうか」と言う。ゲイルさんは「私もちょうどそこがいいと思ったところだったの。でも最初の計画どおり、他のところに付けてしまったのではないかと心配していたのよ」と言ってたいそう喜んだという。これが、二人の最初のテレパシー的な体験だった。

また、ある時、ゲイルさんが羽根飾りの作り方を紹介する記事を読んで、一対の鳥の翼がほしいなと思いついたことがある。羽根ではなく翼まるごとほしいと思ったのである。

あくる日、なんとトムさんが道端でフクロウの美しい翼を拾ったと言って彼女にプレゼントしてくれたという。タカか何かに襲われた後の遺骸《いがい》だったようだ。私はその翼の実物を見せてもらったが、本当に不思議な以心伝心である。そんな数々のテレパシー的な体験の中でも極め付きなのが次の話だ。

トムさんはダイビングが趣味。ある日、カリフォルニアの海に潜りに行った時のことだ。同じころ、自宅で家事をしていたゲイルさんの脳裏に突然、あるイメージが浮かぶ。それは海藻の生い茂る海中の風景だった。

「突然、海の中にいる、トムとつながっていると感じたんです。不思議なことに茶色や灰色ばかりで、他の色は何も見えませんでした」

後日、この話を聞いてトムさんは腰を抜かさんばかりに驚いた。

「実は私は色覚障害なんです。私には海の色が茶色に見えます。もしかしたら彼女は私の目を通して海の色を見たのかもしれません。本当にびっくりしました」

他に細かい話も含めれば枚挙にいとまがない。一度ならば偶然の一致ですむ話だろうが、こう何度も続くと、何か特別なつながりがあるのではないかと考えてしまうのも無理はないだろう。ただし、二人は、いつでも心が通じ合えるわけではないし、意図的に相手の心の中をのぞけるわけでもない。あくまで突発的に、無意識のうちに起こるという。

fMRIによる脳の解析

スタンディッシュ博士は、数々のテレパシー的な経験を持つこんな二人ならば、何らかのつながりを示す手がかりが得られるのではないかと考えた。理想的な被験者というわけである。二人も喜んで協力することにした。

スタンディッシュ博士らが考えた実験の手順は以下のとおりである。

①最初に15分間、二人きりになり、心を落ち着かせ、互いに心を通わせるよう意識を集中してもらう。

②実験時間は5分間。片方は、ｆＭＲＩの中に入る。ｆＭＲＩ装置の中は磁気をかける時、かなりの騒音が出るため、被験者は防音用のヘッドホンをつける。実験中、被験者はモニター中央に出っ放しの赤い点を見続けるよう指示される。その他の刺激はなく、5分間一定した状態に置かれる。

③もう片方の被験者は、ｆＭＲＩとは隔離された暗室に座り、5分間モニターを見続ける。そこにはチェッカーボード（白黒の格子《こうし》模様）が激しく点滅する画像が、不規則な間隔で映し出される。点滅画像が出る継続時間は毎回違う。このチェッカーボードの点滅画像は、強い視覚的刺激を与えるために脳科学の実験でよく用いられるもので、ずっと見ていると気分が悪くなるような映像である。ｆＭＲＩの中にいる被験者は、相手がいつ点滅画像を見ているか分からない。実験中はお

互いに相手のことを強く意識するようにする。
④終わったら、今度は役割を交替し、同じ実験を繰り返す。

実験中、被験者の脳の画像がスキャンされていく様子が刻々とモニター画面に映し出される。博士たちは固唾《かたず》をのんで見守る。しかし、このモニター画面からはまだ何も分からない。fMRIで脳内の血流の変化を読み解くには、得られた膨大なデータを詳細に解析する必要があり、結果が分かるのは数週間後だ。

実験後、ゲイルさんとトムさんの感想を聞いてみたが、二人ともfMRI装置の中にいた時に、点滅画像が脳裏に浮かんだという感覚はなかったという。「とてもリラックスでき、相手とのつながりは感じた」という感想は二人に共通していた。

スタンディッシュ博士たちの研究チームは、さらにもう一組、若い男女のペアでも同じ実験を行った。バスティーユ大学の研究生二人である。その二人もかねての知り合いだった。ただし、この二人の間にはテレパシー的な体験は一切なかった。

こうして4人のデータがそろった。ジョンソン博士を中心に、精力的な解析が急ピッチで進められた結果、不思議な解析結果が浮かび上がった。

まず、fMRI装置の中にいた人の脳のある領域が、外部からの刺激の変化が一切なかったにもかかわらず、変化していたことである。４人の被験者で変化があった脳の領域はほぼ共通していた。ジョンソン博士のパソコン画面には、彼が画像化した脳の三次元画像が映し出されている。脳血流が有意に減少したところ、つまり脳活動が弱くなった部分は青色で示されている。

その部分は、目で見た情報を処理する「視覚野」の周辺だった。ｆＭＲＩ装置の中にいた人には、目からの特別な刺激は何もなかった。にもかかわらず視覚野の周辺で変化が起きていたのである。

さらにその変化が起こるタイミングを調べたところ、驚くべきことが分かった。ジョンソン博士は結果が浮かび上がってきた時の心境をこう振り返る。

「思いがけない結果だったので、私たちはかなり慎重でした。そしてデータに間違いがないことが分かると、うれしかったです。『こんな結果が出た！』と叫んだほどですよ」

次ページのグラフを見てほしい。白い帯は、実験中、別室の画面に点滅画像が現れていた時間を示している。暗い別室にいた人は不規則な間隔で合計６回点滅画像を見ていた。これにｆＭＲＩ装置の中にいた人の視覚野周辺の活動の変化を示すグラフを重ねている。データは４人の５分間の脳活動の変化を平均化したものだ。脳活動の強

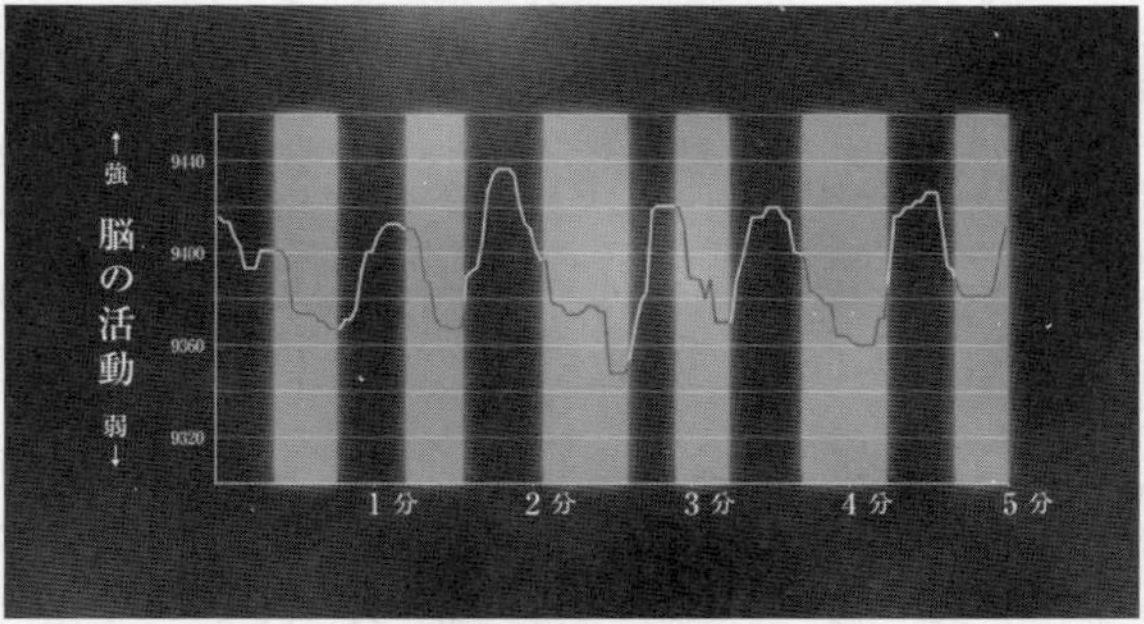

点滅画像が現われていた時間とfMRI装置の中にいた人の視覚野周辺の活動の変化を表すグラフ。

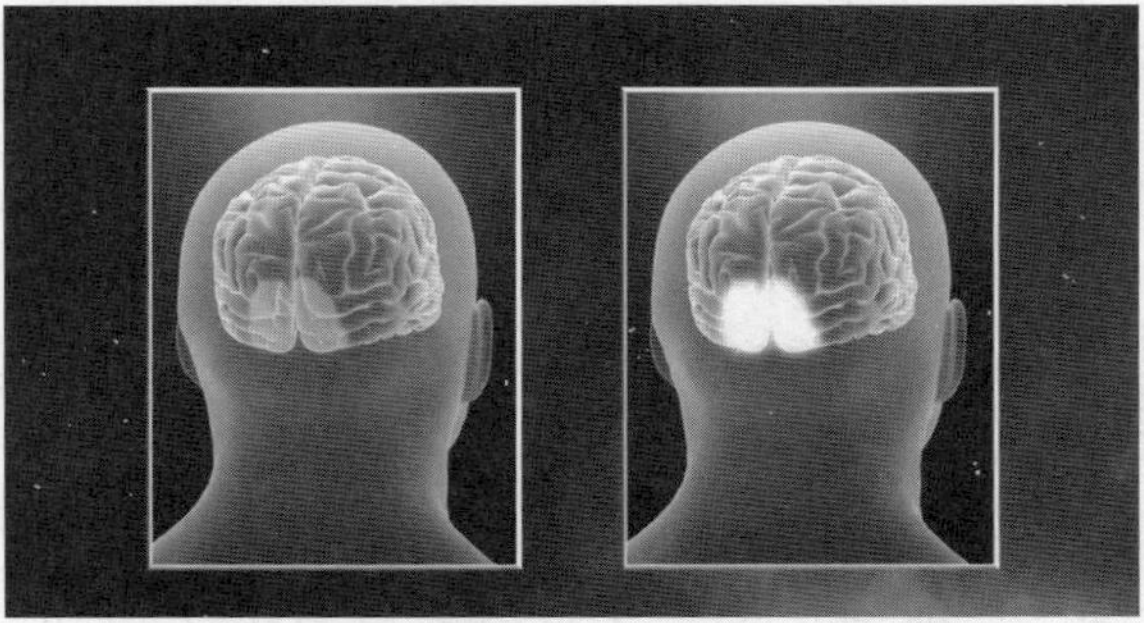

一方の人の脳が刺激を受けると、刺激を受けていないはずのもう一方の人の脳活動も変化する「脳の同期現象」(イメージ)。

弱はほぼ同じ傾向を示していた。

グラフの形に注目してもらいたい。相手が点滅画像を見始めると、脳活動が低下し、点滅画像が終わるとまた元に戻るように変化していることが分かる。脳の活動が大きく変化したタイミングと、別室の相手が点滅画像を見ていたタイミングが、6回ともほぼ一致していたのだ。

一方の人の脳が刺激を受けると、刺激を受けていないはずのもう一方の人の脳活動もなぜか変化する。そんな不可思議な「脳の同期現象」が起こりうることが確認されたと、研究チームは考えている。

リチャーズ博士は「離れた二人の脳の間で、何らかのつながりがあることを示す、力強い科学的証拠だと思います」と語る。スタンディッシュ博士も今回の実験結果に大きな手ごたえを感じていた。

「今回の実験は、脳の同期現象が偶然ではないということを示す科学的証拠だと思います。まだ十分には理解できていませんが、人間の脳には空間を超えて他の人とつながる、何らかの仕組みがあると、私たちは考えています」

最新の脳科学によって徹底的に迫った結果、ついにつかんだ脳の同期現象の有力な証拠。まだ結論は出ていないが、価値ある手がかりになると期待される。

脳のテレパシー実験の課題と残された謎

もちろん、今回の結果について異議を唱える人も多いだろう。研究チームも、まだ実験回数が少ないため、結論を出すのは早計だと考えている。もっと被験者の数を増やしたいのはやまやまなのだが、fMRI実験は解析に膨大な手間暇がかかる。そのうえ、fMRI装置そのものがその他のさまざまな研究や医療にも使われているため、自由に使うことはできない。今後も検証を続けるつもりだが、他の研究チームによっても追試が行われることを博士たちは願っている。

脳の同期現象がテレパシーではなく他の原因によるものではないかという指摘もある。どこかに見落としやエラーがないのか、さらに厳密な検証が必要だろう。

謎も残されている。まず、結果的にテレパシー的な体験と脳の同期現象には特に関係がなかったということだ。不思議な経験を持っているゲイルさんとトムさんのほうが、脳の同期現象がはっきり出たというわけではなかった。ごく普通の友人同士であるもう一組でも同じ反応が出ていたのである。脳の同期現象は、親しい友人や近親者同士のほうが起こりやすいのか。それともどんなペアにでも普遍的に起こりうる現象なのか。今後のテーマになるだろう。

また、実験前に、15分間お互いに意識を通じ合わせる効果はあったのだろうか。それとも関係ないのか、これについても比較実験が望まれる。脳の同期現象は、意識が介在した現象なのか、意識には関係なく脳が自律的に反応しているだけなのか分かってくるかもしれない。

もう一つの大きな謎は、fMRIの中にいた人の視覚野周辺の活動が「弱く」なっていたことだ。点滅画像を見た人は、激しい視覚的刺激を受け、視覚野がかなり活性化していたはずである。もしもテレパシーが通じたとすれば、予想されるのは、fMRIの中にいた人も視覚野の活動が「強く」なることである。しかし実際は反対の反応が出た。これは何を意味するのだろうか。

実はスタンディッシュ博士たちは、2003年と2005年に同種の実験を行ったことがある。二組のペア、合計で4人のデータが得られた。この時は、4人のうち二人の脳の活動が同じタイミングで強くなっていた。つまり今回とは逆の、「正の同期現象」だったのだ。これについては博士たちも現時点で明確な説明を与えられていない。ただ、二人の間で脳の活動が変化するタイミングがほぼ一致する同期現象だったことは共通しており、この点は不可思議としかいいようがない。

スタンディッシュ博士は今回の結果で満足しているわけでは決してない。今後も実験を積み重ね、一つ一つ解明していく決意だ。次回の実験では、二人同時に2台のfMRIの中に入ってもらい、脳の同期現象が起こるかどうか、どのように脳が活動するか、詳細に分析したいと考えているという。

「常識では考えられないようなことを説明しようとするからには、並外れた科学的な証拠が必要です。私たち自身が確信を持てるようになるまで、何度も実験を繰り返し、他の科学者たちも真実だと確信できるような結果を示したいのです」

力強い言葉だ。今後もスタンディッシュ博士たちの研究チームから目が離せない。

シェルドレイク博士の電話実験やワシントン大学の研究チームの脳の同期現象の実験をはじめ、テレパシーについてはさまざまな科学的検証が行われている。その結果、浮かび上がってきたのは人間の「意識（consciousness）」が空間を超えてつながる可能性である。

実は、この人間の〝意識〟というのは、科学や哲学の世界でずっと議論の的になってきた。意識は「こころ」や「マインド」と言い換えてもいい。

科学者、哲学者の間では、「人間の意識は、脳という物質が生み出している」という唯物論《ゆいぶつろん》的、一元論的な解釈と、「いや違う、こころと物質は別のものだ」という二元論的解釈が、ずっと論争を続けてきた。「意識は脳が生み出しているのだろうか。それとも別のところから生まれているのだろうか」という問いである。そして、意識がどういうものなのか、哲学的に考えるだけでなく、科学的にその実体をつかもうとする試みも始まっている。

最近の超能力研究は、こうした人間の〝意識〟の問題と大きく重なるようになってきた。テレパシー実験も、「人間の意識、こころの正体とは何なのか」という科学者たちの根元的な問いに実はつながっているのである。

第二部
秘められた未知のパワー
〜超能力〜

episode 4
すべての鍵は、人の〝意識〟

砂漠の祝祭、バーニングマン

8月下旬、私たちはアメリカ・ネバダ州のブラック・ロック砂漠へ向かっていた。昼間は40度を超える灼熱《しゃくねつ》の荒野で、ふだんは人っ子一人いない。ところが毎年、この時期の1週間だけ、「ブラック・ロック・シティー」と呼ばれる巨大な街が出現する。ここを舞台に「バーニングマン」と呼ばれる世界的に有名なイベントが開かれるのだ。私たちの目的は、このバーニングマンを舞台に行われる、空前の超能力実験を取材することだ。

私たちスタッフ4人が乗り込んだ車中は、機材、食料、水、生活物資であふれかえり、身の置き場もないほどだ。バーニングマンに参加する1週間、参加者は基本的に自給自足の生活をしなければならないからだ。

会場に近づくと、恐るべき長さの渋滞にぶち当たる。まさかとは思ったが、全《すべ》てがバーニングマンの参加者だ。砂塵《さじん》を巻き上げ、大量の荷物を積み込んだキャンピングカーやワゴン車、バス。普通の乗用車も少なくない。混雑を予想して、イベントの開始日より1日早く来たのだが、入場手続きを終えるまでたっぷり3時間はかかった。

大人気のバーニングマン。もともとはサンフランシスコの海岸でわずか20人ほどの友人が集まり、海辺で木製の人形を燃やすことから始まった。バーニングマンという名前の由来だ。それ以来、型にはまらず、自由な創造を愛するヒッピー文化の象徴的存在となった。砂漠で過酷な生活を強いられるというのに、年々参加者は増え続け、28回目を迎える今回はおよそ7万人に上った。一体どんなイベントなのだろうか。

まず会場で目に付くのは、スケールの大きなアート作品だ。巨大な女性像やコヨーテの像、大小さまざまなオブジェが競い合っている。参加者が見て触れて参加できるインタラクティブ・アートも多い。巨大な教会の形をしたオブジェの中には、本物のオルガンがあり、男性が気持ち良さそうに弾いていた。

バーニングマンは参加者の誰もが表現者になれるイベントだ。会場の至るところで、音楽や曲芸のパフォーマンスが繰り広げられている。普通の車の通行は禁止だ。必ず飾りを施したり、改造を加えたりして車をアート作品に仕立て上げなければならない。

かなりの趣向が凝らされた車が行き交う。宮崎駿《はやお》監督の『ハウルの動く城』を思わせるような車もあった。頼めば誰でも乗せてくれ、広大な会場を移動する手段にもなっている。

メインの移動手段は自転車だ。カーゴ付きの自転車に機材を積み込み、細かい砂が機材に入り込むのを防ぐ厳重な防護をしてロケに挑む毎日が始まった。

「燃える巨人」を利用した実験

会場の中央にそびえる高さ12メートルもの巨大な人型の像。「ザ・マン」と呼ばれ、バーニングマンの象徴と言える存在だ。第1回以来、イベントのクライマックスでこの巨人像が燃やされるのが習わしになっている。めいめい楽しんできた参加者も、この時ばかりは巨人像の周りに集結し、最高に盛り上がる。参加者たちの意識は一斉に巨人像に注がれるわけだ。

このクライマックスを利用して、人間の未知のパワーを探る実験が計画された。考案したのは、ディーン・レイディン博士だ。博士も、人間には誰にでも潜在的に未知のパワーが備わっているのではないかと考える一人だ。通信技術に関わる数々の発明で有名な、ベル研究所の研究員やプリンストン大学などを経て、現在は民間の研究機関、ノエティック科学研究所に所属している。今、最も精力的に超心理学の実証的な研究を行っていると言っても過言ではない。なぜ、この分野に興味を持ったのだろうか。

「10代のころ、私は人間の潜在能力を真剣に調べる科学分野があることを知りました。しかもそれを実験で確かめるという考え方に感動しました。私は情報通信工学という普通の分野で研究をしたことがありますが、2年で退屈してしまいました。その理由は、少なくとも私にとって既知のものが多かったからです。一方、この超能力の現象の世界では、私たちが知っていることはほとんどありません。新しいことばかりです。私は超能力の研究を25年間やり続けてきましたが、退屈したことがありません」

レイディン博士は何よりもデータを重視する、非常に実直な研究者という印象だった。寝る間も惜しんでいくつもの実験や論文の執筆を並行させている。私たちは何度もメールのやりとりをしていたが、レイディン博士ほど素早く、しかも詳細な返事をしてくれる人は珍しい。

その反面、時折、巧みなユーモアやおとぼけを話に織り交ぜ、周りを和ませてくれる。著書も多く、講演会を数多く行っているが、その人柄が親しまれ、講演終了後はいつも聴衆に取り囲まれるという。超心理学の分野ではスター研究者だ。

砂漠の巨人像「バーニングマン」。

さて、そのレイディン博士がバーニングマンという巨大なイベントを利用して検証しようとしているのが、「人間の意識には目に見えない未知のパワーがある」という仮説だ。

それを実験するのにうってつけだと彼が期待したのが、バーニングマンにやってくる大勢の人々の「意識のパワー」だ。仮に人間には誰にでも未知のパワーが備わっていたとしても、一人一人のパワーはとても小さいに違いない。それでも、7万人もの意識が集結すれば、何か〝目に見える変化〟が起きるのではないかと考えたのである。

皆さんは7万人の人が参加するイベントなんて珍しくもないと思うかもしれない。しかし、バーニングマンは特殊なイベントである。わざわざ苦労をして砂漠で暮らすからには、もとより参加者意識が非常に高い。また、巨人像を燃やすというイベントのクライマックスが非常にはっきりしている。普通のイベントよりも、人々の意識の集中度が格段に高いはずだとレイディン博士は考えたのである。

意識が集中する時、意識の「コヒーレンス」状態が生み出されると考えられている。コヒーレンスとは「一貫性、整序」という意味であるが、要するに「足並みがそろっている」状態を表す。意識のコヒーレンスが生まれることによって、人間の意識に潜む未知のパワーを目に見える形で検出できるのではないかというのだ。もしも成功すれば、今まで捉《とら》えどころのなかった意識の正体に、一歩近づけることになるかもしれない。

乱数発生器が人間の意識に共鳴する？

問題なのは「意識のパワー」を検出する方法だ。彼が目をつけたのは、小さな箱状の電子機器。「乱数発生器」と呼ばれる装置だ。

乱数とは、無作為に並んだ数字列をいう。0と1が並ぶ乱数を、1秒間に数百というスピードで自動的に作り出していくのが、乱数発生器である。

なじみのない装置かもしれないが、実は身の回りの至るところに組み込まれている。例えばギャンブル関係の機器や、コンピューター機器のワンタイム・パスワード（無作為に文字や数字を並べた一度限りのパスワード）を生成させる装置など、絶対に無作為であるべきもの、決してパターンを解読されてはいけないものに利用されている。もともと超心理学の実験のためにだけ作られた装置ではない。

今回の実験で使う乱数発生器は、0と1が出る確率は、ちょうど五分五分になるよう、極めて厳密に設計されている。電子回路は電磁波などを遮断するカバーで覆《おお》われ、外部からの影響は一切受けないようになっている。乱数発生器のメーカーは、こうした性能を厳密な製品検定で保証している。例えば乱数発生器を気温の上下動が激しい環境にさらしたり、強力な電波を発生している物体に近づけたりしたとしても、0と1を偏《かたよ》ることなく発生し続ける。

ところがレイディン博士は、人間が強く意識を集中させるような状況で、なぜか偏るはずのない乱数発生器の0と1の発生率にごくわずかだが異常が生じることに気づいたという。その変化は一人の人間の意識だけではごく微弱だが、たくさんの人間の意識が同調し、「コヒーレンス」状態になれば、よりはっきりとした変化が捉えられるのではないか。

「それを検証するには、バーニングマンが最適だと目を付けました。7万人もの人間の意識が燃える巨人像一点に注がれる、これほどのことはめったにありませんからね」

レイディン博士は今回の実験のねらいをそう語った。

乱数発生器実験のルーツ

この乱数発生器を、意識の正体を探る実験に使おうと思いついたのは、レイディン博士が最初ではない。実は、その歴史はかなり古く、意外にも念力の研究に端を発していた。

超心理学では、金属を曲げたり、物体を動かしたりする念力のことを「マクロPK」と呼んでいる。PKとは「Psychokinesis（サイコキネシス、念力）」の略である。マクロPKは、ユリ・ゲラーに代表されるような特殊な能力者が持つとされ、実験の対象になりうる人はごく限られている。また、エピソード1で述べたとおり、トリックを見破れるよう、条件を厳密に管理して実験することが非常に難しい。

これに対し、微視的な効果を生み出す「ミクロPK」と呼ばれるものも研究対象になっていった。

例えば自分の意識したとおりにサイコロの目を出したり、コインを投げて表裏の出方を変えたりできるかどうかを調べる実験が、ごく一般の人を対象に行われた。たくさんの実験を繰り返せば、偶然を超える何らかの効果、つまり「小さな念力」の効果が浮かび上がるのではないかと研究者たちは考えたのである。

乱数発生器を使った実験は、このミクロＰＫの研究の延長線上にあるものとして登場した。１９６０年代のことである。例えばサイコロを振る時、もしそのサイコロにわずかな重心の偏りがあったとすると、振り方のコツを覚えてしまえばある特定の目が出るよう操作できるかもしれない。そのため「自動サイコロ振り器」なる珍妙な装置も考案されたことがあったが、人為的な影響を完全に排するにはどうしたらいいか、ずっと研究者は考えてきた。そこで登場したのが乱数発生器の利用である。後で詳しく述べるが、乱数発生器は超ミクロの世界の物理現象を利用しており、決して人為的な作用が及ばないからだ。

１９７９年、プリンストン大学工学・応用科学部の学部長だったロバート・ジャン博士が設立した特異現象研究所（PEAR:Princeton Engineering Anomalies Research）では、このミクロＰＫに着目して膨大な数の実験が行われた。

そのころ使われた乱数発生器は今もプリンストンに残されている。私たちは乱数発生器実験の歴史的背景を取材するため、実物を見せてもらった。一昔前のオーディオアンプのような大型のものだ。彼らがこの乱数発生器を利用して行った代表的な実験は以下のようなものだった。

１００人を超える大勢の被験者に乱数発生器の前に座って、「乱数の出方を１に偏らせる」「０に偏らせる」「何もしない」の三つのケースに分けて念じてもらい、その影響を統計的に分析する。ジャン博士らはこの実験をなんと７８００万回行い、ほんのわずかだが、人間の意識が働いたかのように、０と１の発生率に偏りが出るという結果にたどりついた。０と１が出る確率はちょうど50パーセントのはずだが、０・０２パーセントだけ人間が意識したとおりに、偏ったという結果だった。

これだけの回数の実験だと、統計学的には非常に有意な結果だというが、０・０２パーセントずれたからといって何の意味があるのか、ＰＥＡＲの実験にはそんな批判も寄せられた。しかし、乱数発生器はデータが明確に数値化されるという大きなメリットがあるため、その後も人間の意識に秘められたパワーを探る実験に頻繁に使われてきた。

乱数発生器を利用したミクロＰＫの実験から派生したのが、多くの人の意識が高揚しやすいような場所に乱数発生器を置き、その変化を分析するという実験だ。こうしたタイプの実験を「乱数発生器のフィールド実験」という。今回、レイディン博士が計画したバーニングマンでの実験もこれに含まれる。

乱数発生器のフィールド実験は、厳密にはミクロPKの実験とはいえなくなっている。なぜなら、その場にいる人のほとんどは乱数発生器による実験が行われていることを知らされておらず、変化が起きたとしてもそれは意図的なものではないからだ。みんなが一斉に「乱数発生器よ、0（もしくは1）を出せ！」と念じるわけではないのである。乱数発生器のフィールド実験は、人間の意識と乱数発生器の動作との間に何かしらの関係があるかどうかの検証に注目している。

実はこうした実験は日本でも行われている。エピソード2に登場した明治大学の石川幹人さんらが野球場で、石川さんの同僚で明治大学准《じゅん》教授の蛭川立さんらが青森のねぶた祭りで、筑波大学の清水武さんらが映画館で行った研究

一昔前の大型オーディオアンプに似た形状の1980年代の乱数発生器。

などが発表されている。

過去の乱数発生器のフィールド実験では、有意な偏りが生まれるという結果は多数出ている。しかし最初のころは有意に偏りが出るが、徐々にその効果が失われていく、つまり五分五分に戻っていくという現象も観察されている。乱数発生器が人間の意識に反応している可能性は大いにあるが、断定はしきれないのが現状である。

乱数発生器実験の舞台裏

7日間の会期のうち、巨人像が燃やされるのは6日目の夜だ。前日、当日、そして次の日の3日間、夜の同じ時間帯で乱数発生器のデータを収集し、比較することになっている。レイディン博士は砂漠のような過酷な環境は苦手なインドア派のようで、会場には来ない。現場は研究パートナーのタムリン・ハントさんとジョーイ・バーネットさんに任されていた。二人ともサバイバル生活は平気で、バーニングマンのイベントそのものを非常に楽しんでいた。

今回は、6台の乱数発生器を2台ずつ3か所に設置して同時にデータを収集する。これはこの種の実験としてはかなり多い台数だ。1台だけでなく、もし6台が同じような変化を示せば、実験結果の確実性は高くなるというわけだ。

問題なのは電源の確保である。ここはふだんは無人の荒野。電気は一切通じておらず、自家発電機が頼りである。乱数発生器とそのデータを収集するパソコンが確実に作動しなければならない。二人は参加者とうまく交渉して場所を確保。準備を整えていった。

ところでこんな砂漠の真ん中で、参加者たちは1週間どのように過ごしているのだろうか。

大部分の人はキャンピングカーで暮らしている。中にはテント暮らしの人もいるが、毎日のように砂嵐《すなあらし》が起こるのでちょっとつらい。マスクとゴーグルは必需品である。参加者は実に多様だ。サンフランシスコやロサンゼルスなどアメリカ西海岸から来た人が最も多いそうだが、子ども連れの親子からグループで参加する若者、マイペースで楽しむ老夫婦、海外からの参加者も大勢いる。もう何年も続けて参加している人も多い。

バーニングマンの会場では何かを売ってお金を儲《もう》けることは禁止されている。氷と水だけは有料で配給されているが、基本的には持ち込んだ食料で自炊しなければならない。私たちスタッフももちろん自炊生活だ。昼間は40度を超える灼熱の砂漠で1週間過ごすなんて、さぞかし大変だろうと友人たちは心配してくれたが、渡邊カメラマンと音声の明里《あかり》和幸《かずゆき》さんは、料理がたいそう上手であり、毎日バラエティーに富んだ食生活を楽しめた。

この過酷なロケのコーディネーターを引き受けてくれたのは渡辺秀治《ひではる》さん。ロサンゼルス在住、フリーランスで活躍するディレクターだ。実はバーニングマンに魅せられ、過去に2度も番組を制作しており、その豊かな経験と関係者たちとの深い信頼関係で私たちを引っ張ってくれた。

バーニングマンの最も重要なルールは、参加者全員が傍観者とならず、自由な方法で主体的にイベントに参加し、自己表現することだ。その方法は全くの自由で、何か基準があるわけでもないし、コンテストがあるわけでもない。自分の心の中で納得できていればそれでいいのだ。会場は派手な格好をしている人や仮装した人であふれかえり、ヌーディストも少なくなかったが、これも自己表現の一つというわけだろう。

私たちはといえば、地味な服装で参加者の中でも最も不粋な連中だったろうが、バーニングマンという場を撮影するのが私たちの表現だと自分に言い聞かせていた。

ユニークなところでは、暑い昼間、霧吹きで水をかけてくれる人や、街角でハグやキスをしてくれる人もいた。他人に親切にすることもバーニングマンのルールなのである。食事や飲み物を無料で振る舞ってくれたり、古着を自由に選ばせてくれたりするさまざまな出店を渡り歩くのもイベントの楽しみだった。

夜は夜で、さまざまなネオンをきらめかせた車が行き交い、あちこちで人々が踊り、歌う。火の輪を自由に操るなど、曲芸師も至るところで技を披露している。この砂漠は高地にあるため、夜は20度を下回るほどの涼しさなのだが、人々の熱狂は明け方まで冷めやらない。

厳しい自然に向き合いながら、日常生活を忘れ、自由な時間を過ごせることが、バーニングマンが人を引き付けてやまない理由なのだろう。こうした雰囲気の中で参加者全員の一体感が育《はぐく》まれていく。「特別な意識の集中が生まれるはず」と、レイディン博士が期待するのもうなずける。

クライマックス、7万人が起こす不思議な現象

さあ、いよいよ6日目の夜がやってきた。巨人像ザ・マンを燃やす夜である。

7万もの人が巨人像の周りに集まってくると、私たちスタッフはおそらく身動きが取れなくなる。サブで持ってきていた小型カメラも含めて、どのようにスタッフとカメラを配置するのかよくよく相談した。

最も重点を置いたのは、燃える巨人像を見守る人々の反応をいかに撮影するかであ

る。きっとみんな興奮と喜びで輝くような表情を見せてくれるはずだ。しかし、燃える巨人像もしっかり撮影しなくてはならない。いかに両立させるかが最大の悩みどころだったが、結局、高画質のサブカメラで燃える巨人像を定点撮影することにした。このカメラは実験にも一役買った。正確な時刻の記録（タイムコード）がビデオに刻まれるようにし、後日、乱数発生器のデータと精密に突き合わせられるようにしておいたのだ。

会場に設置した6台の乱数発生器は午後8時からデータの収集を開始した。9時ごろからイベントが本格的に始まると聞いていた。私自身は、巨人像ではなく乱数発生器のそばにいるという役割を担当していた。中央の巨人像とそれを取り囲む観客はカメラマンとコーディネーターのダブル〝わたなべ〟さんに任せた。乱数発生器はリアルタイムで変化が見えるわけではなく、後日の解析を待たねばならない。そのため、そばにいても何か分かるわけではないのだが、やはりデータを収集している証拠映像が必要だろうということで私が担当することになっていた。

午後9時ごろ、巨人像を取り囲む人々から大歓声が上がる。電飾を施された巨人像の両手が上がっていく。イベントのクライマックスだ。みんなの意識が一気に巨人像に集中していく。打ち上がる花火。炎を操るダンサーたちが華麗な舞いを見せる。

9時30分、ついに点火された。あっという間に、巨人像は炎に包まれていく。ある人は両手を上げて熱狂し、ある人は恍惚《こうこつ》とした表情でじっと炎を見つめる。約30年前の1986年、バーニングマンがたった20人の仲間で始まった時、亡《な》くなった友人のことや失恋、懐《なつ》かしい思い出に別れを告げるために人形を燃やしたという。炎を見つめる人々は思い思いの願いを炎に託しているに違いない。1週間、過酷な砂漠で一緒に過ごした仲間たちとの思い出、ここでしか味わえないユートピアのような経験。名残惜しさを感じながら炎を見ている人もいるだろう。今年の夏もこれで終わりだなと……。およそ20分後、巨人像は燃え尽きた。最後にひときわ大きな歓声が聞こえる。私自身、間近で燃える巨人像を見られなかったのは残念だったが、燃え尽きていく炎を最後まで見届けた。果たして人々のさまざまな思いは、乱数発生器に何らかの影響をもたらしているのだろうか。

3日後、データはレイディン博士のもとに届けられ、さっそく解析が始まった。その結果、本来五分五分であるはずの0と1の現れ方がある時刻に大きく偏っていたことが分かった。1台だけではなく、6台のデータ全てを足し合わせて解析するが、6台とも同じ傾向を示していた。

次ページのグラフを見てほしい。これは乱数発生器に偏りが生じる確率をオッズ

（偶然比に対する倍率）で示したものである。グラフの山が高くなればなるほど、偶然では起こりにくいこと、つまり偏りの度合いが大きいことを示す。

　乱数発生器のデータは、統計学の基礎知識がないと分かりにくい。あえて単純化して言うと、オッズとは、競馬で「1番の馬が3倍の人気」などと言うのと同じこと。つまり高ければ高いほど、非常に起こりにくく、大当たりの結果であることを示している。

　巨人像を燃やした前日にも、同じ時間帯でデータをとっていた。しかしデータには大きな変化は見られなかった。ところが当日は、午後9時のあたりで、急激に偏りが大きくなっていたのである。これほどの偏りが偶然に起こるオッズはおよそ230万倍だった。あまりに突出しているので、そ

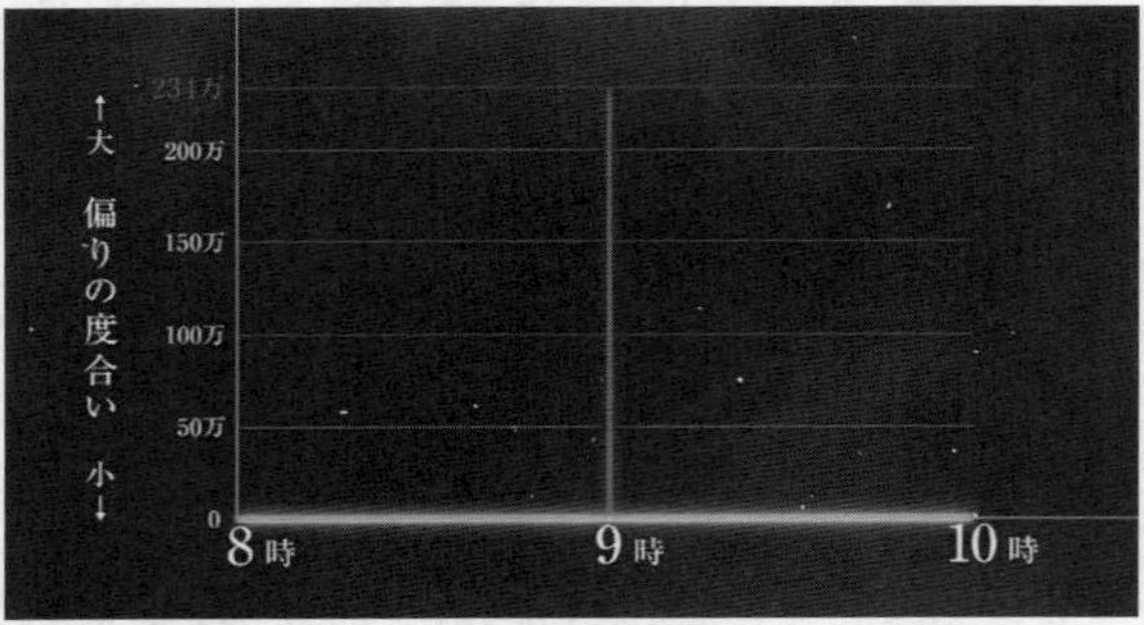

乱数発生器に偏りが生じる確率をオッズで示したグラフ。

の他の細かな変化が、まっすぐな線に見えてしまうほどだった。

イベント6日目の午後9時ごろだけに見られた異常な偏り。ここで、私たちが正確な時刻入りで記録した映像がものをいった。映像を確認すると、ちょうど巨人像の手が上がり始めた時刻と偏りが最大だった時が同じだったのである。

今か今かと始まる瞬間を待っていた観客。これから巨人像が燃やされるという合図を見守る7万人の期待感が一気に高まった時だ。それと同時に、0と1の現れ方が6台の乱数発生器で同時に大きく偏るという現象が発生していたのだ。

私たちは、もし乱数発生器に異常が生じるなら、点火した瞬間か、燃え盛っている最中ではないかと勝手に予想していた。結果は意外だったが、よくよく考えてみると納得できる。つまり、巨人像の手が上がった後は、花火も上がり、ダンスもあり、見せ物がいろいろあるので、人々の注意は分散されがちだった。人形が燃えるのには20分ほどかかるため、燃えている最中にやや飽きてしまう人もいるかもしれない。

いよいよこれからクライマックスという瞬間に、鋭いピークを持つデータの異常が生じたことを確認できたのは非常に興味深い。過去の乱数発生器のフィールド実験では、ある一定の時間で偏りの累積《るいせき》を解析するケースが多いが、今回のようにピンポイントな異常が生じたケースは非常に珍しいのである。人間の意識のコヒーレンスと乱数発生器の異常に、何らかの相関関係があることを示唆《しさ》する力強い結果だとレイディン博士は言う。

「7万人の意識が一斉に高まったことが波紋のように乱数発生器に何らかの影響を及ぼしたのかもしれません。興奮で手が震える思いです！　現代科学では説明できない現象を捉えたんですから！」

しかし、本当に乱数発生器が人間の意識の高揚に反応していると断定することはまだできないとレイディン博士はくぎをさす。

「現段階では、人間の意識の高揚と乱数発生器の異常との間に相関関係があることが分かっただけです。乱数発生器の変化が本当に人間の意識の働きによって生じたものかどうかを証明するには、まだまだ長い道のりが必要です。断定するには、あと30年間バーニングマンに通ってデータをとらないといけませんよ」と冗談交じりに言っていた。

乱数発生器が、実は他のものに反応しているのではないか、という疑問を持つ人も多いだろう。例えば携帯電話の電波。しかし、実験会場は電波が届かない砂漠だったので、その可能性は低い。また、乱数発生器はそれぞれ独立した自家発電機で動いていたので、電源の影響が出たとも考えにくい。一斉に写真を撮ろうと起動させたカメラが生み出したノイズではないかという疑問も浮かぶ。レイディン博士は、カメラの一斉使用で環境中の電磁波が大きく変化することは考えられず、もしあったとしても、そもそも乱数発生器は電磁波の影響を受けないような作りになっているから問題ないはずだという。

しかし、他の要因は本当に一切考えられないのだろうか。乱数発生器実験の大きな課題は、実験装置がブラックボックスになっていることである。なぜ偏りが生じるかが不明瞭《ふめいりょう》なのだ。もっと丁寧に比較対照実験を行うなどして、一つ一つ疑問に答えていく必要があるだろう。

また解析の方法が非常に複雑で、統一されたものがなく、研究者によって微妙に異なっているのも懸念《けねん》材料である。もちろん論文発表の際は、どのような計算式で解析したのか明示され、専門家同士では検証の目にさらされており、データの妥当性は保証されているといえる。しかし、超能力に懐疑的な立場の人からは、乱数発生器の実験では恣意《しい》的な解析が行われているのではないかという疑念が呈されているのも事実だ。データの解析結果の示し方にも、誰もが納得できるような工夫と分かりやすさが必要なのではないだろうか。

ダイアナ妃の葬儀から生まれたプロジェクト

人間の意識には、本当に乱数発生器に異常をきたすような〝パワー〟があるのだろうか。この現象を地球規模で検証する研究が始まっている。「地球意識プロジェクト」と呼ばれる国際研究だ。現在、プロジェクトのリーダーを務めているのは、心理学者のロジャー・ネルソン博士である。

ネルソン博士は威厳があり、落ち着いた感じの紳士だった。15年に及ぶ博士の研究を、私たちのために特別に用意してくれたパワーポイントの資料を使って丁寧に説明してくれた。

地球意識プロジェクトは、ネルソン博士がプリンストン大学のPEARに在籍していた1998年に本格的にスタートした。現在、乱数発生器を世界のおよそ50か所に設置し、24時間データを取り続けている。日本にも3か所設置されており、その一つは明治大学の石川幹人教授のところである。

ネルソン博士と、バーニングマンでの実験を指揮したレイディン博士は共同研究をしたこともあり、乱数発生器のフィールド実験をリードしてきた。ネルソン博士は発想を一歩進めて、イベント会場のように限定された場ではなく、地球全体を舞台に乱

乱数発生器の０と１の発生に偏りが生じる（イメージ）。

数発生器のネットワークを築こうと思い立った。

　世界中に報じられるような大きな出来事があった時、人々の意識は大きく高揚するはずである。その意識の高まりに呼応して乱数発生器に大きな偏りが生じるのではないかとネルソン博士は考えたのだ。

　その仮説を検証する最初の機会が、ダイアナ元英国皇太子妃の葬儀だった。不慮の交通事故で突然亡くなった悲劇のプリンセス、ダイアナ。世界中の人々がその死を悼《いた》み、１９９７年９月の葬儀は全世界に中継されることになっていた。

「おそらく何億人という人々がこの葬儀に注目するでしょう。これは疑いもなくグローバルイベントでした。この時、私は友人たちにデータの収集を頼みました。十数台の結果を足し合わせると、偶然では１００分の１の確率でしか起きないような偏りが実際に起こっていました。それが私たちを勇気づけ、どんな事件や事故が起こっても、それに対応するデータが入手できるようなネットワークを作ることにしたのです」

地球意識プロジェクトでは、世界中に報じられるような事件・事故の前後で、その時稼働《かどう》していた世界中の乱数発生器全てのデータを足し合わせ、解析することにしている。一つ一つは数百キロ離れているのに、それぞれの装置が相関するような結果を示すという。２０１３年末までに解析してきたケースは４５０件を超えており、ホームページで全ての解析結果が示されている。近年では以下のようなケースがかなり有意な偏りを示しているという。皆さんの記憶に新しい出来事も多いだろう。

２０１３年12月５日　ネルソン・マンデラ氏死去
２０１１年10月23日　トルコ大地震
２０１１年10月５日　スティーブ・ジョブズ氏死去
２０１１年３月11日　東日本大震災
２０１０年10月13日　チリ炭鉱事故　地下に閉じ込められていた人が生還
２００８年11月４日　アメリカ、オバマ大統領当選

（「地球意識プロジェクト」ホームページより）

ネルソン博士は、悲劇が起こった時に乱数発生器に有意な異常が生じることのほうが明らかに多いという。「同情、哀れみ（compassion）」のほうが強い意識のコヒーレンスを生み出すと推測しているのだ。

４５０件の解析を総合すると、25兆分の1という、とても偶然では説明できないほどの偏りが生じていることが見えてきたことが地球意識プロジェクトの最大の成果だと、ネルソン博士は考えている。

「私たちが注目しているのは、人々が感情を共有することの重要性です。とても簡単な例で言うと、二人が愛し合えば二人の意識は広がり、混ざり合って新しいものになります。それを拡大して、世界中の人々に当てはめると、大きな悲劇が起こったり新年のような大きな祝いごとがあったりすると、人々は感情を共有し、新しい意識状態が発生すると思います。それが〝グローバルな意識〟だと私たちは考えています」

最も激しい変化が生まれた悲劇

15年にわたるネルソン博士の地球意識プロジェクトの研究で、乱数発生器が最も激しく異常を示した事例がある。世界史上に残る悲劇、２００1年9月11日に発生したアメリカ同時多発テロである。

　あの日、世界中に一斉に伝えられた惨状は、人々に深い悲しみと同情の念を生み出したに違いない。それと同調するかのように各地の乱数発生器に大きな偏りが現れていた。この時はおよそ40台の乱数発生器が世界各地に設置されていたが、これらのデータを足し合わせ、偏りの度合い（正常値からの逸脱度）がどう変化したか解析した。

　9月7日から14日まで解析した結果が、次ページのグラフである。

　テロが起きる前日までは、偏りは正常と見なせる範囲に収まっていた。ところが1機目の飛行機がワールドトレードセンターに激突した9月11日の午前8時46分あたりから、偏りが正常値からどんどん逸脱していき、数日にわたって明らかに正常範囲から外れていったというのだ。ネルソン博士はこのデータを見た衝撃を次のように語っている。

「私はショックでした。データが私の気持ちを表しているかのようでした。これは惨事を見ている世界中の人々の共通の意識、集団意識を反映していると思いました。こんなデータは今まで見たことがありませんでした。人間の意識のパワーが乱数発生器という電子機器に影響を及ぼしていることを強く示唆していると思います。こうした

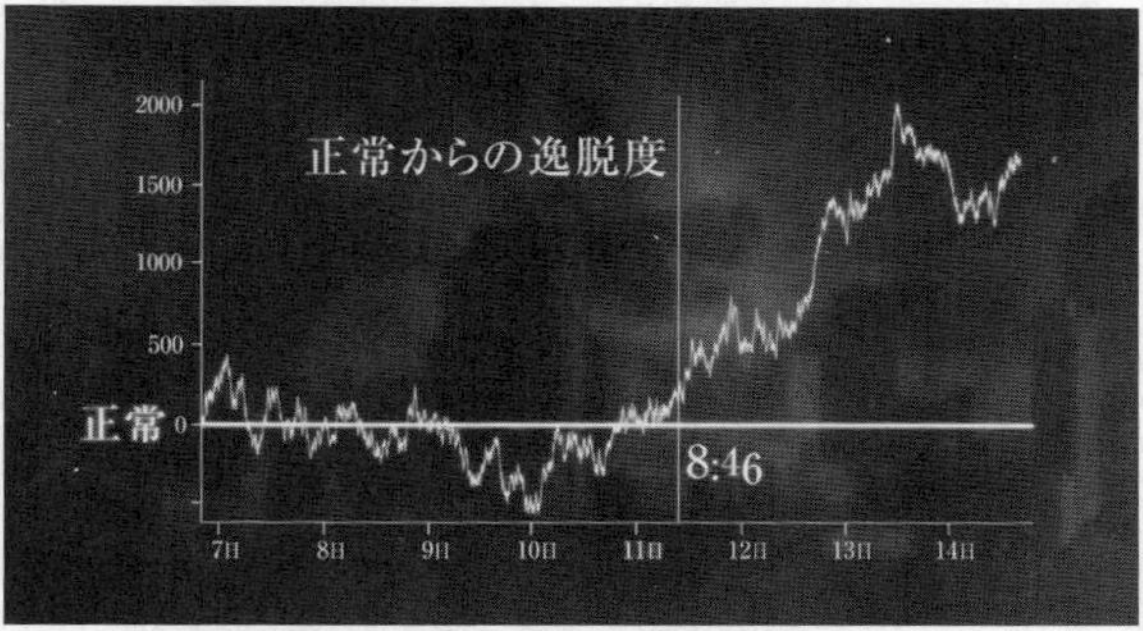

アメリカ同時多発テロの際の正常からの逸脱度。

現象は、人間の意識が具体的な物に変化をもたらす可能性を示しています。乱数発生器という小さな装置に変化が表れるだけですが、その意味はとても大きいと思います」

ネルソン博士は、世界規模の乱数発生器の実験によって、人間には未知のパワーが秘められていることが示されつつあると考えている。

ただし、地球意識プロジェクトの結果は、あくまで「統計的に有意」だというだけであり、これだけでは人間の集団意識が乱数発生器に影響を及ぼしていると断定することはできない。科学的メカニズムの解明が待たれる。

意識と超能力

クローズアップされてきた人間の〝意識〟。もしその実体が分かれば、念力や遠隔透視など可視的な超能力の謎も解明できるのだろうか。それとも、両者は全く別のものなのだろうか。

最前線の研究者たちは、意識と超能力との間に何らかの関係があるのではないかと考えている。バーニングマンでの実験を行ったレイディン博士は乱数発生器の実験で探ろうとしている〝意識〟を次のように位置付けていた。

「私は、乱数発生器のフィールド実験の効果は超能力の一種だと思います。しかし、テレパシーや遠隔透視のような典型的な超能力の形とは違ったものです。それにはまだいい呼び名がついていません。あえていえば『心と物の相互作用』でしょうか。私たちが個々人に備わっていると考えている微視的な力の集合体と考えることができるのです」

地球意識プロジェクトのリーダー、ネルソン博士もほぼ同じような意見を持っていた。

「私たちが超能力を調べていると言えるのかどうか。なかなかいい質問ですね。意識が物理的な力を生み出していることがあるとすれば、それは興味や注目、そして思いやりのような感情という形で生み出されているように思います。それは超能力と関係しているのではないかと私は考えていますが、まだよく分かっていません。まず『意識とは何か』を解明し、その先に、一部の特殊な人々が示すという並外れた能力についての理解も深めていきたいと思います。意識の研究が進み、超能力の理解に私たちを導いてくれると信じています」

脳科学や乱数発生器の実験を通じて、ごく普通の人々の〝意識〟が空間を超えて、何か目に見えないものによってつながっていたり、物理的な作用を及ぼしたりするという驚くべき可能性が浮かび上がってきた。未知のパワーがもし存在するとすれば、謎《なぞ》を解く鍵《かぎ》は、人間の〝意識〟にあると考えられるのだ。

超常現象はなぜ受け入れられないのか

それにしても、さまざまな科学的兆候が示されているにもかかわらず、超常現象を科学的に探究することが科学の世界でなかなか認められないのはなぜだろうか。超常現象を眉唾《まゆつば》、イカサマ、オカルトと決めつける偏見によって不当に疎外《そがい》されている面もあるだろう。しかし、それだけではなく、超常現象の研究自体にも大きな弱点があると思う。

私は機会あって宇宙の始まりに迫る宇宙論についての番組を担当したことがある。広大な宇宙がほとんど〝無〟といえる極微の一点から爆発的に膨張することで生まれたとする「ビッグバン宇宙論」はとても奇想天外な話に聞こえた。

２０１３年にノーベル賞を受賞したヒッグス粒子の理論的発見も、あらゆるものに質量を持たせる特別な粒子が存在するというのだから、通常の感覚では理解しがたい摩訶《まか》不思議な発想だ。しかし、こうした理論は、最初は異端視されたものの、やがて定説として受け入れられている。なぜなら〝数式〟できちんと記述できるからだ。

科学者たちは、自然科学の法則を記述する言葉として数式を最も重要視している。数学的に美しい理論であれば、どんなに荒唐無稽《こうとうむけい》でも、それが宇宙を動かす根本原理になっているに違いないと直観的に考える。理論を証明すべく、莫大《ばくだい》な予算と人員を投入して実験が積み重ねられ、予言どおりの証拠が発見できれば大成功というわけだ。科学は、こうした理論と実証のたゆまぬ協調によって進化してきたといえる。

しかし超常現象は、美しい数式によってその存在を理論的に記述し、証明すべきターゲットを定義することがまだできていない。そこが本流科学との決定的な違いであり、多くの科学者がまともに取り合おうとしない大きな理由になっている。

特定非営利活動法人・国際総合研究機構の小久保秀之《ひでゆき》さんは、日本を代表する超心理学者の一人である。今回の番組の良き相談相手だった。小久保さんは克服すべき超能力研究の課題の一つは、数式できちんと記述できないことだと教えてくれた。私はなるほどと思ったものである。現在、小久保さん自身は、いわゆるヒーリングパワーの測定を試み、その空間的な分布を波動方程式で記述できないか模索している。

超能力の科学的究明は、fMRIを利用した脳の同期現象の実験や乱数発生器を使った実験によって、ようやく具体的な〝現象〟が捉えられ始めた段階だといっていいだろう。超心理学の第一人者であるレイディン博士は、この点、非常に謙虚だった。

「この分野の科学的研究が系統的に始められてからおよそ130年になりますが、私たちはいまだにオムツをしているか、オムツが取れる程度の初期段階です。しかしある程度は進歩してきました。私たちは実験的な観点から言えば、かなりよくやってきたと思います。しかし、理論的な観点から言えば、いまだに苦労しています。今後期待するのは、理論がゆくゆくは追いついていくことです」

実験で示された現象もまだまだ議論の対象になっている。とはいえ、超能力の研究は次のステップに向けて少しずつ動き始めようとしている。数式を伴った仮説の提起や理論的な解明が試みられているのだ。

ノーベル賞学者が示す量子論という手がかり

今、人間に秘められた未知のパワーの存在を検証するための手がかりとして期待されている理論がある。目に見えない超ミクロの世界をひもとく、「量子論」だ。

量子とは、この世界のあらゆる物質を細かく分解していった場合、最後にたどりつく最も小さな物質の単位のことだ。電子や光子、素粒子などと呼ばれるものは、全て量子という広い概念に含まれる。人間も突き詰めれば、量子でできている。

量子論は、この超ミクロの世界を支配するさまざまな不可思議な法則を明らかにする学問で、相対性理論と並んで現代物理学の二本柱になっている。特に物質の根源に迫る素粒子物理学では、量子論は欠かせないツールだ。この量子論なくして成立している最先端科学はないと言ってもよい。そんな最先端の量子論が、超能力と一体どんな関係があるのだろうか。

ケンブリッジ大学名誉教授のブライアン・ジョセフソン博士は理論物理学者であり、量子論の世界的権威である。１９７３年に33歳の若さでノーベル物理学賞を受賞した。博士はかねて、超常現象、とりわけテレパシーなどの超能力に理解を示し、量子論と関連づけて研究する可能性を指摘してきたことで知られる。第一部に登場したＳＰＲ（心霊研究協会）のメンバーにも名を連ねているが、博士自身は心霊現象については積極的な活動をしていない。

今回の企画のキーパーソンとして、ぜひともインタビューしたい。しかし承諾を得られるかどうか、私は内心冷や冷やしていた。何せ、超常現象・超能力を看板に掲げた番組である。本流科学に属する多くの人は、この問題に関わることすら敬遠する。しかもジョセフソン博士の興味は、あくまで人間の意識にあり、超能力そのものを研究しているわけではない。果たして科学界の大御所が番組の趣旨に賛同してくれるのか、正直不安だった。番組のねらいを丁寧に、正直に書いた取材依頼のメールに対し、好意的な返事がきた時は本当にうれしかった。

ジョセフソン博士の業績を振り返っておこう。二つの超伝導体を極めて薄い絶縁膜を介して接触させると、「量子トンネル効果」によって、絶縁されているはずの膜を超伝導電子対が通過し、電流が流れる。この現象を理論的に予測したのがノーベル賞受賞の理由である。これは「ジョセフソン効果」と呼ばれ、物理学の歴史に名をとどめている。ちなみにこの年1973年、物理学賞を同時に受賞したのは、日本の江崎《えさき》玲於奈《れおな》博士。半導体における「量子トンネル効果」の発見の業績が称《たた》えられた。

ジョセフソン博士は、70歳を超えた今も研究活動を続けている。中でもライフワークとして取り組んでいるのが、「心-物質統合プロジェクト」である。博士は意識や生命をも包含する、全く新しい物理学の理論を作り出すことが必要であると主張し、その構築に情熱を燃やしている。

私たちはイギリス・ケンブリッジ大学のトリニティ・カレッジにジョセフソン博士を訪ねた。世界的に有名な名門大学である。歴史ある建物はまるで中世の教会のようだ。

ジョセフソン博士は、自転車に乗って颯爽《さっそう》と現れた。車の乗り入れが禁止された広大なキャンパスを移動するには自転車が一番便利で、自転車はケンブリッジ名物になっているらしい。気難しい先生ではないかと少し心配していたのだが、そんなことは全くなく、フレンドリーで穏やかな方だ。インタビュー場所の確保にまでいろいろと気を遣っていただき、恐縮至極だった。しかし、同僚に迷惑がかかるという理由で決して研究室は撮影させてくれなかった。暖炉のあるレンガ造りの古い一室でロングインタビューは始まった。

ジョセフソン博士はまず、長年関心を寄せてきた心（マインド）について語り出した。

「私は長い間自然界における心の役割に興味がありました。従来の見方では『心＝脳』です。これは全てを物質と見なす物質主義的な見方です。しかし超心理学などによる証拠は、『心』はそれ以上の存在であることを示しています。そこから何かを学びとる必要があると感じました。これまでの科学には心を説明する適切な理論がありません。そこで全てを説明する理論の構築を目指し、『心－物質統合プロジェクト』を始めたのです」

私たちの取材の過程で徐々に浮かび上がってきた、人間の意識の謎。博士の関心と一致しているようで、俄然《がぜん》勇気づけられる。不可思議な超常現象については、どのような考えを持っているのだろうか。

「『いやいや、そんなことがあるはずがない』と言って、目をそむける人は多いです。しかし奇妙に見えるものを何でも避けてしまっては、科学は進歩の機会を失うのです。私が超常現象に関わる動機は、重要にもかかわらず、無視されているという思いからです。これは私の生涯を通してのテーマなのです」

「量子の世界には、超常現象とよく似た奇妙な一面があります。私はそこに惹《ひ》かれるのです。問題に取り組む方法は一つだけではないでしょうが、量子論から始めて、それを広げていけば超常現象が説明できるかもしれません」

ついに博士の口から出た「量子論」というキーワード。超常現象との「よく似た奇妙な一面」とは一体何なのだろうか。

乱数発生器と量子

実はあのバーニングマン実験で使われた乱数発生器は、量子の働きを利用した電子機器である。乱数発生器によって採用している原理は違うのだが、最もよく使われている乱数発生器は「量子トンネル効果」と呼ばれる超ミクロの世界の現象を利用しているのだ。量子力学の分野で、エネルギー的に通常は超えることのできないはずの領域を、量子が一定の確率で通り抜けてしまう現象のことである。

分かりやすく比喩《ひゆ》を交えて説明すると、乱数発生器の電子回路には、量子の動きを遮る壁のようなものがあると考えてほしい。「量子トンネル効果」によって量子はある時はこの壁をすり抜け、ある時は壁に跳ね返される。

そこで乱数発生器では、この壁を調節し、すり抜ける確率と跳ね返される確率がちょうど2分の1になるよう厳密に設定する。これは工学的な設計であり、厳密な製品検定によって五分五分になるよう保証されている。そして、壁に跳ね返された時は0、すり抜けた時は1として、五分五分の確率で0と1を発生させている。

このメカニズムでは、0と1がどの順番で出るかは、量子の不確実性によって完全に無作為に決定されるため、人知が及ばない。だから決して解読されてはいけないパスワードの設定やギャンブル機器に使うことができるのである。

量子の働きでコントロールされているはずの乱数発生器が、なぜ人間の意識に反応するかのような異常を示すのか。研究者たちの仮説はこうである。

人間の意識が、何らかの形で量子に作用し、その動きを変化させるのではないか。人間の意識と量子の間には相関関係があり、そこにこそ、人間の未知のパワーを解明する手がかりがあるというのだ。ただし、意識は人間が大勢いればそれだけで強くなるわけではない。地球意識プロジェクトやバーニングマンなどのデータは、意識のコヒーレンスが生まれることが重要なのではないかということを示唆している。

これはあくまでも仮説である。今日に至るまで、意識が量子に影響を及ぼしたという直接的な証拠はまだ捉えられていない。しかし、意識の集中と、量子で働いている乱数発生器の異常との間に、偶然とは言い切れないような、かなりはっきりした相関関係が観察されているのは事実である。意識と量子のつながりを示す〝状況証拠〟はかなりそろってきた段階だといえるかもしれない。

ジョセフソン博士は、量子論の不思議な性質を物語る〝観測問題〟を持ち出して、こう指摘する。

「人の意識と量子の間につながりがあるかどうかは興味深い疑問です。かなり長い間、物理学者たちは論争してきました。量子論の世界では、ある人が量子を観測しようとすると、その行為が観測対象に影響を及ぼすという現象が知られています。量子力学には初めから『人々の意識が物質世界に影響を及ぼしているかもしれない』という考え方があるのです。その意味で、超常現象は量子論と親和性があると言えます」

量子論は、測定した結果を確率的にしか予言できないという不確実性を基本にしており、測定によって量子の位置や運動量など物理量の全てを正確に決めることは原理的に不可能だとした。測定とは、「科学者の意志による観測」と言い換えることもできる。そのため量子の働きには、〝意識〟が介在しているのではないかという指摘がされてきた。

テレパシーと「量子もつれ」

人間の意識と量子のつながりを暗示するような事例が、乱数発生器の他にもう一つある。それがエピソード3で取り上げた、脳活動によってテレパシーを検証した実験だ。実験では離れた二人の脳の活動がほぼ同じタイミングで変化するような結果が得られた。

実は、これとよく似た現象が量子の世界でも確認されている。「量子もつれ(quantum

entanglement)」と呼ばれる現象だ。量子論の本質を示す、最も重要で不可思議な性質だとされている。二つの量子の片方に何らかの刺激を与えると、同時にもう一方の量子にもその影響が及ぶという状態を「量子もつれ」という。この状態を保ったまま、二つの量子を何千キロか何億キロ引き離しても、互いに同時に影響し合う状態は変わらないというのだ。

「量子もつれ」を理論的に提起したのは、あのアインシュタインである。アインシュタインは、その根本に確率論的な性質をはらんでいる量子論を必ずしも許容していなかった。1935年、アインシュタインは同僚のポドルスキーとローゼンとともにわずか4ページ足らずの論文を発表した。3人の著者の頭文字をとって「EPR論文」と呼ばれている。その中で、量子力学には「非局所的な相関性」という極めて常識では理解しがたい性質が潜んでいる可能性を指摘した。その奇妙な性質とは、互いに離れた二つの量子に、測定によって瞬間的に関係が生じることである。この論文で初めて示された非局所的な相関性が、後に「量子もつれ」と呼ばれるようになった。

実はこの論文の本来の目的は、量子力学の問題点を追究し、それが理論として不完全なものだと主張することだった。量子もつれでは、二つの量子がどんなに離れていても瞬時に影響を及ぼし合う。つまりアインシュタイン自身は、「『量子もつれ』なんてありえない、だから量子論は不完全だ」という挑戦状を突きつけたつもりだったのである。彼が友人の物理学者、ボルンとの書簡の中で、量子もつれのことを「気味の悪い遠隔作用（spooky action at a distance）」と呼んだのは有名な話だ。

アインシュタインが問題提起として考案した「量子もつれ」は実証不可能であり、高尚すぎる問題として長い間、棚上げされていた。ところが、１９６４年、アイルランドの物理学者ベルが発見した定理によって、「量子もつれ」を実際に実験で確かめる道筋がつけられた。

さまざまな実験物理学者たちの格闘の末、１９８２年、フランスのアスペらの研究グループは、この「量子もつれ」の状態を実験で作り出すことに成功。その存在が証明された。アインシュタインがありえないと考えた、常識外れの現象は実在したのである。

現在、「量子もつれ」を応用した、量子コンピューター、量子暗号技術、量子テレポーテーションなどの研究が急速に進んでいる。これらはまだ実用化段階まではいっていないが、研究開発は日進月歩であり、すさまじい競争が起こっている。最新研究におけるＥＰＲ論文の引用回数は、発表後80年を過ぎようとしているのに、うなぎ登りである。

話を超常現象に戻そう。fMRIによるテレパシー検証実験を行ったスタンディッシュ博士は、実験を思い立った当初から、この「量子もつれ現象」に強い関心を抱いていた。

「私にとってこの研究全体は『もつれ合う心（entangled mind）』の探究であり、fMRI技術を使って、脳は空間を超えて実際に相互接続しているかどうかを検証することです。私たちはテレパシーという言葉より、『巨視的なもつれ合い（macro entanglement）』という言葉を使いたいと思います。それが脳の間で起こっていると仮定されるメカニズムです」

スタンディッシュ博士は、現時点ではあくまで類推の域を出ないことは承知のうえで、「量子もつれ」が脳の同期現象を説明しうる唯一《ゆいいつ》の原理なのではないかと考えている。

「量子もつれ」は非常に不安定な状態にあり、人間の脳の間で自然に起きるなんてありえない、という批判は当然のことながらある。「量子もつれ」を作り出し、それを維持するには、極めて繊細な技術が必要だからだ。最先端の現場にいる実験物理学者によると、量子もつれ状態を保つには非常に高いエネルギーを持った量子（よく実験に使われるのは光子）を使わなければならない。また実験室内で量子もつれ状態を維持するには、マイナス200度もの極低温状態を必要とすることが多い。空間にあふれかえるその他の量子に影響されて、純粋な量子もつれ状態はあっという間に崩れてしまうからだ。「量子もつれ」をどう安定させれば扱えるかは、今後、量子コンピューターなどを実用化していくうえで、大きな課題になっている。

もし離れた人間の脳の間で、「量子もつれ」が起きているとすれば、高エネルギーの量子が必要なはずである。もし脳がそんな高エネルギーの量子を発しているなら、とっくの昔に検出されているはずだ。人間同士が量子を利用して情報を交換できることを示す科学的な兆候は、まだ何も見つかっていない。

ところが最近、カリフォルニア大学のリッツ博士らは、ヨーロッパコマドリという渡り鳥が、「量子もつれ」を使って渡りに必要な磁気の方向検知をしているという仮説を提示している。生物がまるっきり「量子もつれ」を利用できないかというと、そうではない可能性が示され始めているのだ。

スタンディッシュ博士は諦《あきら》めてはいない。将来の展望をこう語った。

「『量子もつれ』がミクロレベルで真実であれば、それが脳というマクロレベルでも真実でないと言い切れるでしょうか。私たちの実験は、もしかしたら真実かもしれないと言っているように感じます。検証する価値は十分にあると思います。私たちの常識を超えた発見は、量子でなら説明できる可能性があります。現在は仮説にすぎませんが、私たちの研究が進めばいつかは解明できるでしょう。科学の可能性がどんどん広がっていくのを目《ま》の当たりにするのは、とてもわくわくすることです。人間も私たちが考えている以上に大きな能力を持っているはずです。それを考えると、無性に心が躍り、寝てはいられないほどです」

量子論は本当に超能力の謎を解く手がかりとなりうるのだろうか。私たちは碩学《せきがく》、ジョセフソン博士にも尋ねてみた。実はジョセフソン博士も、テレパシーと「量子もつれ」の間に類似性があると指摘していた。

「今後、『量子もつれ』のような興味深い現象の理解が進んでいくことでしょう。そうすればテレパシーのような超能力が本当に存在することを科学的に証明する理論がもうすぐ出てくるのではないかと期待します。量子論の非局所性のようなもので全てが説明できればよいですが、今の状態ではたぶんうまくいかないでしょう。ですから、さまざまな理論が必要だと思います。量子論に加えて、ひも理論や多次元理論のようなものも考えに入れれば、必要とする理論ができるのかもしれません。

科学は常に前進しています。もっともっと不確かなものを解明し、理論に取り入れていかねばなりません。将来の科学は全てを解き明かすと信じています」

博士は、ライフワークである「心-物質統合プロジェクト」もまだまだ時間のかかる仕事だという。しかし、いつかは解明できるという信念は失っていなかった。スタンディッシュ博士にせよ、ジョセフソン博士にせよ、研究者としては円熟の域に達しながら、新たな科学の可能性に賭《か》け、飽くことなく研究活動を続けている。私はそのことに深く感動した。

虫の知らせ

10月、秋晴れの空の下、私たちはカリフォルニア州を再訪した。バーニングマンでの乱数発生器の実験を指揮したレイディン博士に再会するためである。2か月に及ぶ撮影の旅も終わりに近づいていた。暑かった8月がもう遠い昔のように感じられる。レイディン博士と会うのは、もう3回目のことだ。バーニングマンで実験を行う前と後に1回ずつ。すでに私たちスタッフともかなり打ち解けていた。

レイディン博士は音楽が大好きで、アメリカの民族楽器バンジョーの名手という一面も持っている。めったに人前では披露してくれないのだが、私たちのリクエストに応《こた》え、「これは実は予知のことを歌っているんですよ」と言って『大きな古時計』を演奏してくれた。歌い出しがよく知られたこの曲は、もともとアメリカの歌だ。英語詞を読むと確かにそれらしい一節がある。

時計は突然真夜中にチャイムを鳴らした
何年もの間鳴っていなかったのに
僕たちは分かっていた
おじいさんの魂が天へ昇っていったことを
おじいさんの旅立ちの時が来たことを

家族や友人の誰かに死が近づいたり、危険が迫ったりした際に「虫の知らせ」で悟ったという経験は少なからずの人が持っているのではないだろうか。レイディン博士は、こうした「虫の知らせ」を予知能力ではないかと考え、科学的検証を続けている。3回目の訪問の目的は、この予知能力についての実験である。

予知能力は、さまざまな人間の未知のパワーの中でも、特別な意味がある。現在の科学では、時間をさかのぼって情報が伝わることはありえないとされている。つまり、もし予知能力が実在するとしても、それを説明しうるような理論は現時点では全く見当たらないのだ。

これまで述べたとおり、一部の研究者は、超能力の謎を解く手がかりとして量子論の発展を期待している。しかし量子論では、空間を超えた相関性があることは確認されているが、時間を超えた相関性はまだ確認されていない。今のところ、予知に適用できそうな理論は、候補すら見つかっていないのである。予知能力が実在するとなれば、全く新しい物理理論が必要になるかもしれない。

レイディン博士は、脳のテレパシー実験に参加したゲイル・ヘイスンさんを被験者にして、予知能力があるかないかを検証する実験を行うことにした。実は博士の研究所があるペタルーマとゲイルさんの住むセバストポルは車で30分ほどしか離れておらず、二人はかねて知り合いだった。これまでも何回かテレパシーの実験などに協力したことがあるという。

ゲイルさんを訪ねるのも3回目だ。あの豪快な笑い声で私たちを温かく迎えてくれた。

「虫の知らせ」を表す言葉は英語にもあり、「ガッツ・フィーリング」と言うそうだ。直訳すると「内臓による感覚」である。ゲイルさんは「虫の知らせ」のような体験を何回かしたことがあるという。

「ある夜、私は突然目が覚めました。そして、夫を起こし『叔父のウィリーが今亡くなった気がする』と言ったんです。私は、叔父が病気だとも知りませんでしたが、ちょうどその時亡くなろうとしていたことが、後で分かったんです」

「虫の知らせ」は、死ぬ間際《まぎわ》にあったり、危険にさらされたりした肉親や友人から発せられたテレパシーによるものではないかという説もある。しかしレイディン博士は、「虫の知らせ」を予知能力の一種だと仮定し、新たな実験を試みることにした。

「多くの人が超常的な経験を報告しています。私たちはその報告が科学的に真実かどうかを知りたいのです。ごく自然に不思議な体験をする人にとって、実験のために設定された状況下でそれを示すのはとても難しいことです。しかし見極めるためには実験をするしかないのです」

実験の手順は以下のとおりである。

①風景などの穏やかな写真と恐怖を誘う写真を完全にランダムな順番で見せる。見せる順番は200枚の写真のストックの中からコンピューターが自動的に決める。

②写真を見せる間の、被験者の生理的反応を調べる。脳波、心拍数、呼吸数、指先の体温、皮膚電導度（発汗作用などによって皮膚中で電流の伝わり方が変化すること。いわゆるうそ発見器の指標となっている）、容積脈波（指先で測る血流の変化）の6項

目である。

③画面は10秒おきに切り替わり、1秒間だけ、短くパッと表示される。被験者はいつどの写真が出てくるか予想はつかない。

④およそ20分間、合計100枚の写真を見てもらう。なお、この実験では慣れることが禁物であるため、同じ被験者で繰り返し実験を行うことはない。

実験に使われる恐怖を誘う写真を見ると、かなり凄惨《せいさん》でグロテスクなものばかりであり、ドキッとさせられる。一方、穏やかな写真は何の変哲もない。実験後ゲイルさんに感想を聞くと、「穏やかな写真はとても退屈に感じました。刺激のある写真はおなかが締め付けられるような感じがしました」という。

データを分析した結果、恐怖を誘う写真を見た時にだけ、ゲイルさんの体に変化が起きていた。特に顕著だったのは指先の温度の変化だ。穏やかな写真を見た時の平均温度は35・9度。これに対して恐ろしい写真を見た時は、それより0・4度低い、35・5度になっていた。恐怖を感じると、血管が収縮する。そのため血流が少なくなり、体温が下がったと考えられる。これだけならごく普通の生理的反応である。注目すべきは、体温が下がるタイミングだ。

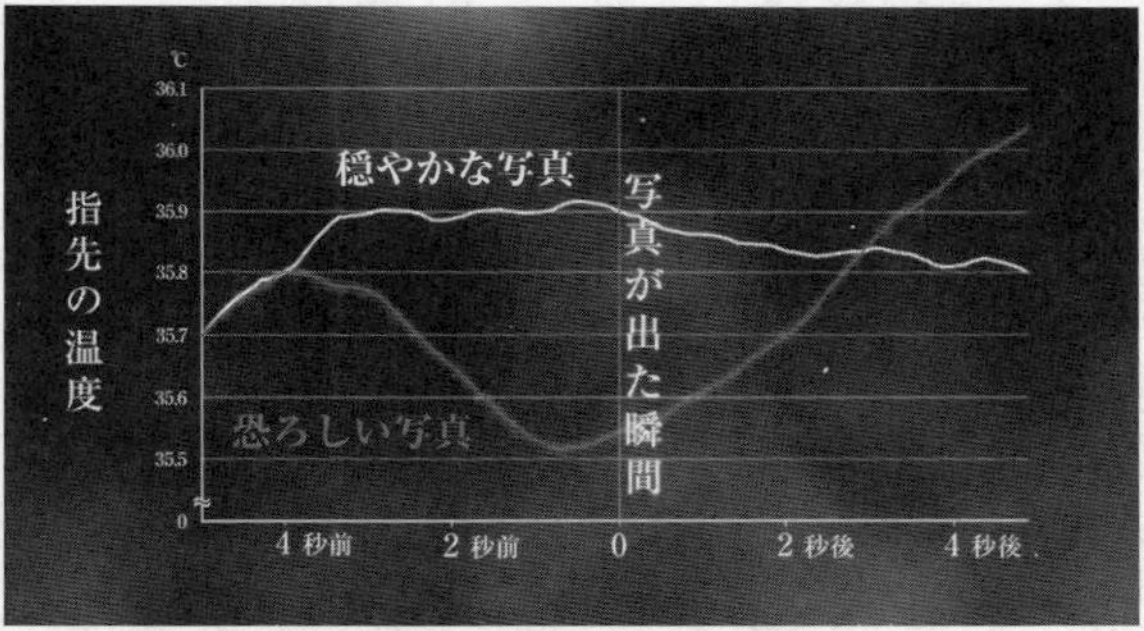

恐ろしい写真が出るより以前に指先の温度が下がる。

写真を見た前後の指先の温度変化を示したのが上のグラフだ。中央の縦線は、写真が出た瞬間を示す。穏やかな写真を見た時、体温はその前後であまり変化していない。ところが、恐ろしい写真の場合、何と写真を見るおよそ4秒前から体温が下がり始めていたのだ。まるで、これから恐ろしい写真を見せられることを事前に知っていたかのようだ。常識では全く理解できない不思議な体の反応である。

実はこのような実験結果は、ゲイルさんに限ったものではない。レイディン博士は、同様の実験を過去にも行ったことがある。その際も、同じように刺激的な写真と穏やかな写真を無作為に見せたが、計測したのは皮膚電導度だけだった。およそ130人の被験者に、延べ4500回ほども行った結果、多くの人に、刺激的な写真を予感する能力があることを示すような皮膚電導度の変化が表れたという。さらに、予感については他の研究者も数多くの実験を行ってきている。ほんの数秒後の未来を予知する能力が、人間に備わっているかのような結果が20以上報告されている。

レイディン博士は、今回ゲイルさんに対して行った、測定項目を増やした予感実験を、さらに何十人もの被験者で行っていくつもりである。もしもその解析が進み、予知能力が実在することが完全に証明されれば、現代科学は、根本的な見直しを迫られるかもしれない。

博士自身は、テレパシーと同じように、予知能力も誰にでも備わっている人間の潜在能力の一つではないかと考えている。

「人間は誰でも、危険を避ける生存本能を備えています。未来を見通す予知能力があるとすれば、そうした生存本能に関係しているのではないでしょうか。私たち人間に、どんな能力が秘められているのか。それを知ろうとすることはとても重要だと思います」

レイディン博士の挑戦は今後もコツコツと続いていくだろう。

「未知なる力」、存在の可能性

人間に秘められているかもしれない未知のパワー、超能力。その謎に迫る長い旅はひとまず終わった。私は成田空港に向かう機内で、ユリ・ゲラーの言葉を思い出していた。

「私の言うことを信じたくなければ、私に関わらなければいい。それだけのことです」

全くそのとおり、うまいことを言ったものだと私は苦笑しながら心の中でつぶやいた。ゲラーのことをトリックだ、イカサマだと言うのならいっそのこと無視してしまえばすむものを、実際は彼を批判するという行為を通じて、彼の偶像性をさらに高めてしまっている。そして私自身について言えば、ゲラーに出会い、インタビューまでしてしまったのだから、しっかり「関わって」しまったわけだ。それだけの魅力を放ち続けるゲラーは、やはり〝何か〟を持っているのかもしれない。

人間は〝超能力〟というものに対し、どこかしら「存在してほしい」という願望を持っているのではないだろうか。物を動かしたり、見えないものを見たり、人の心を読んだり、未来を予知できたら……。数々のSFのテーマになってきた人間の夢である。

しかし、もう一度繰り返しておくが、超能力を持つと称し、それを悪用する人がいるとしたらそれは絶対に許されない。それを防ぐためにも、私たちは、超能力が本当に存在するのかどうか、科学の力で見極めることができるようにならなければならない。

第二部で取り上げたのは、うそとトリックにまみれてしまった〝超能力〟の世界から一線を画し、人間に備わった未知の力として超能力を捉《とら》え直そうと懸命に努力している科学者たちの物語である。

一目で分かり、あっと驚くような超能力的な現象はこの目で見ることはできなかった。しかし、その代わりに地道な研究者たちの取り組みによって徐々に浮かび上がってきた、不思議な未知の力が存在する可能性を実感することができた。それは本当に貴重な経験だった。

科学者たちの姿を通じて、読者の皆さんの、超能力に対する見方が少しでも変わったとすれば、望外の喜びである。

最後に、ユリ・ゲラーの科学的な検証に携わり、アメリカ軍の遠隔透視部隊の創設にも関わったプットフ博士の含蓄ある言葉を引用して旅を締めくくろう。

「私は非常に楽天家です。超能力は22世紀、24世紀、いや30世紀になれば科学的に解明されると思っています。過去を振り返ってみてください。19世紀、18世紀、17世紀には分からなかったことを今の私たちがどのくらい知っているでしょうか。世界を理解するための科学の成長は飛躍的であることが分かります。それを考えれば、近い将来のある時点で、超能力を完全に理解できるかもしれません。最終的には、常識だと考えているものと、超常的と考えているものの二つが溶け合い、連続して理解できるようになると思います。そして、私たちは、宇宙の全てのものがどう結ばれ、調和しているのか、その全体像を目にすることになるでしょう」

あとがきにかえて

心霊現象、超能力という二つの大きな視点を持って超常現象というテーマに挑んできた私たち。「今、こんな企画をやっているんです」と言うと、必ずと言っていいほど聞かれたことがある。

「幽霊って、本当にいるんですか」
「超能力って、本当にあるんですか」
「証拠は、撮影できたんですか」

これこそ、視聴者、読者にとっては一番知りたいことだろう。単刀直入な質問に、私たちは一瞬、答えに窮してしまう。今回の番組だけでは、これらの問いに対する最終的な答えは見つけられなかったと言わざるをえないからだ。あわよくばと思っていたが、不可思議としか言いようのない現象の決定的瞬間は撮影できなかった。その意味では、視聴者の期待に応《こた》えられなかったのかもしれない。機会があるなら、もう一度挑戦したいという気持ちもある。

しかし私たち自身は、長い取材を終えた今、超常現象があるのかないのか、それを問うことよりももっと重要なことがあることに気づかされている。どちらの結論に至るにせよ、それを真摯《しんし》に探究し続けること自体が大切なのではないか。そこから垣間《かいま》見《み》えてくる人間という生き物の本質にこそ、価値があるのではないか。

不可思議な体験をカメラの前で語ってくれた数多くの証言者や、冷静かつ情熱にあふれた素晴らしい科学者との出会いを通じて、私たちはそういう心境にたどりついた。どこまでが解明され、どんな謎《なぞ》が残されているのか。その最前線の面白さを少しでも伝えたい。これが、お世話になったたくさんの取材協力者から託された番組のメッセージである。

近代的な科学が超常現象の正体に迫るようになって100年以上が過ぎた。多くの科学者たちの努力によって、あるものについては合理的な説明がつくようになってきた。しかし、本書で紹介した生まれ変わりやテレパシーをはじめ、現代科学ではどうしても説明しきれないような事例があることも浮かび上がってきた。人間に秘められた大いなる可能性についても少しずつ分かってきたのである。

発明王エジソンは、超常現象に対して非常に懐疑的だった。ところが1910年、

『ニューヨーク・タイムズ』の記事で超常現象について問われた時、基本的にはそうしたものは存在しないだろうとしたうえで、こんな発言もしている。
「我々は分かっていない。分かるには限界がありすぎる。本当に重要なことは、まだつかめていない」
奇《く》しくも現代科学の最前線では、宇宙の物質のうち私たちが理解できているのはたった4パーセントだけだという衝撃的な事実を受け入れざるをえなくなっている。残りの96パーセントは、〝ダークマター〟や〝ダークエネルギー〟と呼ばれ、その正体を解明しようと科学者たちが懸命に研究を続けているところだ。もちろん、宇宙の成り立ちと超常現象を同列に論じることはできないが、私たちはかくも未知のものに取り囲まれているということの証左だといえる。人類は、謙虚に、しかし大胆にその謎に挑んでいかなければならない。

超常現象……。

その謎が、一気に解けるようなことは当面ないのかもしれない。しかし超常現象がいつまでも常識を超えた現象であり続けることはないだろう。謎の解明は、未来の科学に託そうではないか。科学者たちはとても意欲的で、決して諦《あきら》めてはいない。たゆまず発展し続ける科学という長い道を走るランナーとして、次の世代へとバトンを渡そうとしているのだ。

NHKスペシャル「超常現象」プロジェクト
梅原勇樹
苅田　章

特別対談　恩田陸×大里智之

恩田陸（おんだ・りく）
一九六四年、宮城県生まれ。早稲田大学卒。九二年、日本ファンタジーノベル大賞の最終候補作となった『六番目の小夜子』でデビュー。二〇〇五年『夜のピクニック』で吉川英治文学新人賞、本屋大賞、〇六年『ユージニア』で日本推理作家協会賞、〇七年『中庭の出来事』で山本周五郎賞、一七年『蜜蜂と遠雷』で直木三十五賞、本屋大賞を受賞。

２０１４年３月22日に放送され、「ＮＨＫが超常現象を取り上げた！」と大きな注目を集めた、ＮＨＫスペシャル「超常現象　科学者たちの挑戦」。今回は番組の書籍化を記念して、ＮＨＫスペシャル「超常現象」プロジェクトの制作統括を務めた、大里智之さんと、大里さんと旧知の仲であり、超常現象に興味があるという作家の恩田陸さんによる対談が行われました。
番組の内容から、古代文明まで多岐に渡ったお話を紹介します。

「ＮＨＫスペシャル　超常現象」、番組と書籍のポイントは？

大里　「超常現象」という、ある意味突拍子もないものを扱っているわけですが、大きなテーマの一つに〝オカルト排除〟というコンセプトがあります。例えば、この番組や書籍の中で取り上げた「生まれ変わり」。この現象を研究している科学者たちも、〝昔の人の魂が子どもに乗り移る〟とか、〝前世が存在する〟というような、文字どおりの「生まれ変わり」があると信じて研究しているわけではありません。番組で取り上げたのは、「まるで生まれ変わりかのように見える現象（子どもたちが不思議な記憶を語る）」があるという事実そのものです。

恩田　なるほど。確かに、「偽りの記憶のメカニズムで説明できる」と紹介されていましたね。

大里　そうです。中には、偽りの記憶では説明が難しい事例があることも分かってきましたが、それにしても、科学者たちは、脳科学や遺伝子学、「意識の科学」などを駆使して、合理的に説明できないかと模索しています。つまり、科学者たちは、「生まれ変わり」現象を、いずれは科学的に説明がつく物理現象や自然現象と捉《とら》えているんです。その意味で、全くオカルト的なものではありません。ここが重要なポイントですね。

例えば、人生に悩む人に「あなたの前世に問題がある」と言って不安につけ込み、高額なものを色々と売りつける霊感商法などがあると聞きます。

恩田　「この玉を買えば、あなたの先祖の魂も浄化されますよ」

大里　あるいは、今の人生に絶望し、来世での「生まれ変わり」を信じて自殺する人々もいるとか……。しかし、先ほども言ったように、いわゆる「生まれ変わり」現象は、魂や前世とは無縁の物理現象である可能性が高いのだから、「高額な玉を買っても解決にはならないし、自殺をしても生まれ変われる訳ではない」という風に考えることが大切だと思います。超常現象を、物理現象と捉えて解明に挑む科学者達の姿を通して、そんなことを、番組や書籍から感じていただければありがたいと思っています。

恩田　オカルトの危険性ということであれば、「生まれ変わり」だけではないですよね？　超能力はどうでしょうか。

大里　例えば、「テレパシー」。一般的には、離れた人同士の思いや考えが通じあうということを想像しますが、そうした事実は、確認されていません。番組や書籍で紹介したのは、離れた二人の脳が同期するかのような不思議な現象が報告されているという事実です。この実験を行った科学者たちも、これが即、「テレパシーだ」などとは思っていない。まだまだサンプル数も少なすぎるし、条件設定も変えて実験しなければ、結論は出せないと考えています。

恩田　確かに、科学者たちは「超常現象の存在を立証する」というスタンスでは研究していないですよね。

大里　ええ。当然ながら「人の考えを読む」というような、神がかった力を発揮する超能力者は、存在が確認されていませんし、研究する科学者たちも、そんな人が存在するとは信じていない人が大多数。ここも大前提として重要なところです。

神がかった力を持つという教祖を信じて、多くの若者がカルト教団に走った不幸な歴史もあります。声を大にして言いたいところなのですが、そんな超能力者は、たぶんいない。

怪しげな集団の教えにはまり込んでしまう前に、番組に登場する科学者たちの取り組みを通して、もう一度落ち着いて考え直すきっかけとなってくれたら、番組制作者としてこれ以上うれしいことはありません。

恩田　この番組のアイデアを最初に私が聞いたのは、２００７年ごろだったでしょうか。「ぜひぜひやってください」と楽しみにしていました。私自身は霊も見たことありませんし、不思議な体験自体もしたことがないんです。でも、「見ない」のだけれど、「あるんじゃないか」とも思っていて。これだけ、たくさんの人が目撃談や体験談を話している。信用できる人が話していたり、周りでも聞くしね。だから「あるんじゃないか」と。さらに、科学的に説明がつくということになれば、楽しみですよね。子どものころから、矢追純一さんの番組を見ていた世代的には、どうしても色眼鏡で見てしまう部分もありますけどね。

大里　私たちがこの番組で伝えたかったのは、不可思議なものに対して、合理的な答えを求めて、科学で挑んでいくことの大切さです。

もちろん、先ほども言ったように、オカルト的な超常現象はないと断言できると思うんですが、それを除いても、現代科学で説明できないことは、この世の中にまだまだあると思うんです。なぜなら、科学は進歩の途上にある訳ですから。未来の人々には理解できても、我々には説明不可能な現象があってもおかしくない。１０００年先の人類が、今よりどれくらい進んでいるのか。たぶん想像を絶するほどに進歩しているのではないかと思います。だから、今の時代に、分からないことがあるなんて、ある意味当たり前のこと。

でも、ＮＨＫが、この手の話題を取り上げると、どうしても「科学で説明し尽くそう」という方向に行くと思うんですね。もちろん、オカルトをあおり立てる番組よりは、そっちの方が全然いいと思いますがね。でも、そんなに無理して説明しなくても、分からないものは分からないと提示した方が素直じゃないのかという気がしたんですね。

恩田　分からないなら分からないで無理することないのにね（笑）。でも確かに、これまでは、「嘘《うそ》だ、インチキだ」というのと、「みんなでUFOを呼びましょう」の二つのタイプの番組が多かったです。そういう意味では今回の番組は新鮮でした。

――NHKスペシャルの基となっている、ザ・プレミアム「超常現象」（BSプレミアム、全2回、1月放送）では、「心霊現象」と「超能力」の二つのカテゴリーに、超常現象を分類しています。その理由を教えてください。

大里　これには理由があります。「超心理学」という研究の分野では、「超常現象」を、大きく二つに分類していると聞いたからです。一つは、〝死後生存〟の問題、いわゆる「心霊現象」ですね。そしてもう一つは、「超能力」です。「心霊現象」には幽霊、臨死体験、生まれ変わりなどが含まれます。「超能力」は念力、透視、テレパシーなどですね。UFOとかは別です。あれも「超常現象」と言えると思いますが、ちょっと種類が違います。今回の番組では、あくまで、「人間」にかかわることを扱うようにしました。だから突き詰めていくと、「人間の本質とはなんぞや」というテーマに行き着くんです。

※超心理学……既知の自然法則では説明できない現象、いわゆる超能力や心霊現象の存在の有無や、その仕組みを研究する学問。

「記憶」や「思念」は物質か？

――恩田さんは、「生まれ変わり」についてはどうですか？

恩田 「あるんじゃないか」としか言えない（笑）。でも、私も好きでたくさん本を読みましたけど、いろいろな例があって、「どう考えてもそれは説明できないだろう」という場合もあるんですよね。

大里 世界的な天文学者で、「超常現象」の懐疑主義者として有名なカール・セーガンも、まじめに調べてみる価値があると思うものとして、「意識が乱数発生器に影響を及ぼすこと」、「自分に向けられた思考やイメージを受け取ることができること（テレパシー）」、「生まれ変わりかのような現象があること」の三つを挙げています。これらの現象については、バリバリの懐疑派である彼が、「真実の可能性がある」と言っています。おそらく、「生まれ変わり」という言葉がよくないのでしょう。人が「生まれ変わる」なんてことは、きっとない。「意識」や「記憶」といったものが、なんらかのメカニズムで継承されることがあると理解したほうがいいということかもしれない。量子力学で説明しようとしている人もいるし、「遺伝子が記憶を継承する」なんてことを言う人もいます。いずれにしても、実際に前世があったわけじゃないと。

恩田　そうそう、「遺伝子の記憶」というのはある気がする。「芋洗い猿」のエピソードじゃないけど。臓器移植で記憶が引き継がれるというネタの小説もありますしね。本当にあるって言いますよね。

※「芋洗い猿」のエピソード……猿の1頭がイモを洗って食べるようになり、同行動を取る猿の数が例えば100匹を超えたときその行動が群れ全体に広がり、さらに場所を隔てた猿の群れでも突然この行動が見られるようになったという。実際には確認されていない。

大里　脳だけでなく、体も覚えているんですかねぇ。

恩田　清水玲子《れいこ》さんという方の漫画で、『秘密』という作品があるんです。そのなかで、死んだ人の脳の中から記憶を取り出すという話があります。それを科学捜査に使うのだけれど、これも実現可能なんじゃないかと思っちゃいますよね。そう考えていくと、「記憶」は物質なのかも、と。そうすると、「生まれ変わり」が説明つきますけどね。でも分からないなあ。本当に「意識」や「記憶」は難しい。

大里　分からないですよねぇ。不思議だなと思いますね。でも、例えば、デジャブや虫の知らせなら、多くの人が体験することでもありますしね。

恩田　今（2014年3月現在）、六本木にある国立新美術館で、「イメージの力―国立民族学博物館コレクションにさぐる」という企画展をやっているんです。原始キリスト教の祭壇とか、呪術《じゅじゅつ》に使われていた人形なども展示されていたのですが、ものすごく怖いんですよ。全身に釘《くぎ》を刺した人形とか。

大里　怖い！

恩田　入り口のところに、仮面がずらっと並んでいるんですが、それがいちばん怖かったなあ。出てくるときに、「何か憑《つ》いてくるんじゃないか」と思って、肩を手で払っちゃった（笑）。ああいうのを見ていると、「思念」というものは残るんじゃないかという気はしますよね。付喪神《つくもがみ》状態。本当に使っていた人たちの道具や人形ですから。大丈夫かなって思っちゃいました。

※付喪神……道具や生き物や自然などの依り代《よしろ》に、神や霊魂などが宿ったとされるものの総称。

大里　確かにお守りとか捨てられないですよね。人形とか。そういう感覚はありますよね。

恩田　だから、サイコメトラーとか信じちゃうんだろうなあ。

大里　でも、それをあえて、「そういうことはない！」と言うのが大切だと思いますね。

恩田　夢も不思議ですよね。私が書いた、『夢違』という小説があるんです。夢を映像化して見られるようになっている世界が物語の舞台になっています。夢を心理分析に使ってカウンセリングするというお話なのですが、ちょうど小説を書き終わったときに、在米の日本人科学者が、おぼろげではあるけれど脳活動の映像化に成功したというニュースが届いたんです。あれには驚きましたね。

大里　ありましたね～。

恩田　いずれは、夢の映像化も成功するんじゃないかなと。「夢」って、本当にその人固有の体験のはずなのに視覚化できるかも、というところが面白いと感じました。

でも「見えてしまう」のは恐ろしいことでもありますよね。見えてしまうと「事実」になってしまいますから。本だったら、場面や登場人物を、読者が個々に想像しますよね。でもそれが映画になると、みんなのイメージが固定化される。
夢って人それぞれじゃないですか。「夢を見ない」という人もいれば、モノクロだという人もいるし。でも、カラーで鮮明な夢を皆で見たら、みんな「そういうものとして、夢を見る」のではないかなと。

乱数発生器とももクロ?!

——恩田さんが今回の番組・書籍でいちばん印象に残ったところは?

恩田　バーニングマンのところですね。

※バーニングマン……アメリカ北西部のネバダ州の砂漠で行われるイベント。参加者は、何もない平原に街を作り上げ、新たに出会った隣人たちと共同生活を営む。イベントのクライマックスでは、街の象徴として、敷地中央に建てられた、巨人像「ザ・マン」が火を放たれ、焼却される。

大里　「ザ・マン」が燃えて、乱数発生器の数値に偏《かたよ》りが発生したと報告されている、あの部分ですね。

※乱数発生器……乱数とは無作為にならんだ数字列のこと。乱数発生器は、0と1が並ぶ乱数を1秒間に数百というスピードで、自動的に作り出す機械。今回の番組や書籍では、人間が意識を強く集中する場所では、この乱数発生器が発生させる数値にごくわずかだが偏りが感じられるとする科学者の研究を取材。

恩田　こないだ、実は国立競技場の、ももクロ（ももいろクローバーZ）ライブに行ってきたんです。これは乱数発生器を置いたほうがいいなと思いました（笑）。ファンの皆さんの「そろい方」がすごかった！　フリもそうだし、コール&レスポンスもまったく乱れないんです。国立競技場で、「これ、針振り切れてる！」って思いましたね（笑）。「意識は物質としてあるんだろうな」と感じさせるのに十分なパワー（笑）。

乱数発生器で言えば、アメリカ同時多発テロのときに、大きな反応があったというエピソードも不思議ですよね。東日本大震災のときも偏りがあったとか。その話がいちばん面白かったかな。他には、本に出ていた、「予知」の実験で「怖い写真を見る〝前〟に、体温が低下した」という話も興味深かったですね。

大里 私が10年くらい前に、明治大学の石川幹人さんに会いに行ったときに聞いたのが、その話なんです。「予知」と言うより「予感」と言った方がいいかもしれません。その予感実験の話を石川さんがしてくれて、「原因はまだ分からないのだけれども、実験の結果としては捉えられている」とおっしゃっていたのです。そのとき、「へぇ〜！」と思って。そのことが、私の背中を押してくれ、番組を諦《あきら》めずにできた理由の一つなんです。「予感実験」の話はいろいろな科学者がいろいろな形で実験・追試していて、かなりのケースが確認されているとのことでした。もちろん否定的な見解を持つ科学者が大多数ですけど。でも、そういう現象が本当に捉えられているなら、もっと多くの科学者が検証に乗り出したらおもしろいと思うんです。その結果、合理的な説明ができるかもしれないし、完全に否定されるかもしれない。どちらに転んでも、それが、科学的な成果だと思うんですね。

「予感」を研究している研究者の中には、これは、何も特別なものではなくて、多くの人に備わっている潜在能力ではないかと考えている人もいるようです。

例えばですが、いまの自然界にも、不思議な現象は、たくさんありますよね。無数の鳥の群れがお互いぶつかることなく飛んでいくこととか、サケが生まれた川に戻ってくることとか。どれも仮説はあるけど、よく分かっていない。言えるのは、どうも、動物は未知の能力を兼ね備えているということです。そうだとすれば、同じ動物である人間が、そうした未知の能力をもともと兼ね備えているという考えも、あながち荒唐無稽《こうとうむけい》だとは言い切れない気もするんですね。分かりませんけどね（笑）。一方で、ノストラダムスのような「予言」はないと断言できると思いますが。

※石川幹人……心理学者。明治大学教授。著書に『超心理学　封印された超常現象の科学』などがある。今回の番組にもかかわる。

「超常現象」と心理的要因

恩田　ＣＩＡがユリ・ゲラーの「透視能力」を評価していたという話は面白いですよね。

大里　ユリ・ゲラーもまだ元気なんだから、本当に超能力を持っているというのなら、もっと科学の実証実験に付き合ってくれればいいのになあと思うんですけどね。さんざんやって自分はもういいという感じでしょうか。彼自身については正直分からないなあ。ただ、面白いと思ったのは、この本でも紹介していますが、ユリ・ゲラーのやっていることはすべてマジックで再現できるという事実ですね。

恩田　「なんでスプーンなの?」ってのは、いつも思いますけど(笑)。ほかのものも曲げてよ(笑)。

大里　今回の取材では、こちらが用意したスプーンではない、自前のスプーンをまず曲げて見せてくれました。なんとも言えないですよね。

恩田　話は変わるけど、『人類はなぜＵＦＯと遭遇するのか』という本を知っていますか。すごく面白い本なんですけど、やはりＵＦＯの出現する数というのは、その時代の社会不安とリンクしているらしいんです。冷戦が始まったりとか、ベトナム戦争が泥沼化したりとか、社会状況が深刻になると、ＵＦＯの目撃件数が増えるようです。

大里　心理的要因というのは大きいでしょうね。

恩田　そして陰謀論が根強い(笑)。「アメリカ政府はＵＦＯや宇宙人と接触しているが、それを隠している」とか。70年代のヒッピー全盛のころは、「宇宙人は愛を運んでくるんだ」という言説も多かったようなんですが、90年代になると、「これは陰謀で、宇宙人は地球を破壊しにきたんだ」と変わったそうですよ。

社会的無意識というものが、日本も同じですけど、アメリカにも色濃く存在しているんでしょうね。

――書籍の第一部で物理学者のスティーブさんが、「人はなぜ幽霊を見るのか」という趣旨の発言をしていました。やはり心理的な要因は大きいんでしょうか。

大里　大きいでしょうね。

恩田　「幽霊の正体見たり、枯れ尾花」。なんとうまい川柳なんでしょう（笑）。人は見たいものを見る！

大里　個人的には、幽霊はいないんだろうなあと思いますけどね。幽霊はこれだけ研究されていても、科学的に捉えられていないんですよ。だから、人間の脳が生み出しているものと言っても過言ではないのかなあと思います。

恩田　暗くて不気味なところにしか出ないというのは……。昼間、渋谷のスクランブル交差点には、幽霊出なさそうですもんね。実は混ざっているのかもしれないけど（笑）。

大里　面白いのは、この番組を作ってから、夜、例えばお墓のような不気味なところに行ってもあまり怖くなくなったんです。「何があっても、今起きたことは科学で解明できるんだ。ただの現象なんだ」と思えば、変な怖さを感じることはなくなりました（笑）。

身近にある、「不可思議な現象」

恩田　私自身は残念だけど、「超常現象」に遭遇したことはない。そういう話は聞くのは好きですけど。個人的に気になるのは、「視線」ですね。絶対に分かるじゃないですか、誰かが自分を見ていると。あれはどうしてなんだろう。

大里　何か研究があるかもしれませんね。

恩田　文字通り、「視線を感じ」ますよね。「誰か説明して！」っていつも思うんです。ギリシャ時代には、「恋」という現象を説明するというとき、目から何か物質が出ていて、相手の目に入って内臓を刺激するからだと考えられていたらしいんですよ。

大里　なるほどね。

恩田　「目から何か出ている」というのは、意外と芯を突いているかもしれない。

大里　そう考えていくと、いろいろ不思議なことってまだありますね。人を好きになる感情とかね。

恩田　なんでドキドキするかとか。書籍で取り上げられていた、「電話のテレパシー」も実際ありますよね。「ちょうど今電話をかけよう」と思っていたら、相手からかかってくるとか。メール打っているときに、相手からメールが来たりしますもん。

大里　でも、統計学者の人が言うのは、そうではないことのほうが多いのに、それを忘れているだけなんだということですよね。「たまたま一致したことを覚えているから」だと。

恩田　確かに。統計ということで言えば、ビッグデータも興味深いですよね。一つ一つは些細《ささい》な事例であっても、ものすごく数を集めれば、AとB、二つの事象に実は因果関係があることが分かる、とか。ビッグデータのアプローチでも、超常現象についても何か分かるかもしれないんですね。昔と違って、今は母集団をたくさん集められるから。同じ実験をするにしても、膨大なサンプルがあれば、まったく違う仮説が出てくるかもしれないし。

最近、人工知能について調べていて、自動翻訳機について面白い話を見つけたんです。人工知能で翻訳するものよりも、データを検索するタイプの翻訳機のほうがより正確に訳すことができるそうなんですよ。「こういう字が出てきたら、こういう意味」だとか、「この並べ方だと、こういう意味」だとか、内容に応じて人工知能が翻訳するよりも、データから意味を類推する翻訳機のほうが正確だということを知って、少しショックを受けました。考えて翻訳するんではなく、膨大なサンプル数を集めてデータを検索するコンピューターのほうが強いんです。統計やビッグデータにあたることで、分かる真実もあるはず。「超常現象」についても、体験したという人たちには、彼らにしかない共通項があるかもしれませんよ。

謎《なぞ》多き、古代文明

――「超常現象」の続編はあるのでしょうか。

大里　いまはちょっと分からないですね。でも、オーパーツとかは興味ありますね。

※オーパーツ……発見された場所や時代とはまったくそぐわないと考えられる、遺跡などからの出土品。

恩田　私もまだ謎が解明されていない、古代の文明が気になるかな。マヤ文明や、インカ帝国のカミソリも通さないほど精緻《せいち》に作られた石積みの遺跡とか。

大里　もともと恩田さんとは、私がNHKスペシャル「失われた文明　インカ・マヤ」を作ったときに知り合ったんですよね。番組制作がスタートしたあと、知人から、恩田さんがマヤについての小説を書いていると聞いたんです。それが、『上と外』という小説でした。なんとも言えない、中南米の雰囲気を見事に表現なさっていました。それで、ＮＨＫスペシャルの書籍を一緒に作ろうということになり、声をかけたんです。現地取材で、メキシコ・グアテマラ・ペルーの３か国を一緒に取材しました。行く先々でコーディネーターさんについてもらって。私もインカ・マヤ文明は、今でも不思議議です。

恩田　古代文明は本当に今でも解明されていない謎も多いですよね。エジプトのピラミッドもどうやって作ったのか分からないわけじゃないですか。

大里　いわゆる「世界７不思議」って、ギザの大ピラミッド以外、残されていないんですよね。バビロンの空中庭園なんて、現時点で存在しないから、嘘だと思っている人も多いでしょう？　ピラミッドも、もし今存在しなくて、お話としてしか伝えられていなかったら、みんなきっと嘘だと考えると思いますよ。古代の人の空想だと思うはず。でも実際にあるからなあ。

恩田　建造物で言うと、出雲大社の神殿も不思議ですよね。昔は、全然違う方向性の考え方があったんだろうなと思うんですよ。神社って鳥居の形もすごく不思議じゃないですか。機能としては、門なんだろうけど、なぜあんな形なのか。文明って連続していないように思うんですよね。断続しているし、全然違う文明があってもおかしくないんじゃないかとは思います。奈良や京都の神社仏閣を訪ねても、「なんだこの変なものは！　この造形はどういう発想で作られたのか、さっぱり分からない！」と感じるものも多いです。人類だってまっすぐ進化してきたわけじゃないと思いますよ。

大里　エジプトの文字とかね。あの複雑な文法体系がいきなり歴史上に出現しているんですよね。あれも不思議です。古代文明が人々の関心を惹《ひ》きつけてやまないのは、謎を明らかにしたいっていう探究心をくすぐるからですよね。

なぜ、恩田作品には、「超常現象」が登場するのか?!

恩田　信じてないから書けるんです。私の知り合いの作家さんでホラーを書くのが上手な人は、たいてい、「超常現象」的なものに懐疑的な人が多いですね。そういう作家さんは、「あるかもしれませんね」と言うことはあっても、「私、信じています」とは決して言わない。

大里　さっき、恩田さんは「あるんじゃないかと思う」と話していましたね？

恩田　はい。文字どおりなんですけど、「あるんじゃないか」と思うけれども、「信じて」はいない。「あるんです」ともまた違う。ちなみに、「あるんです」「信じているんです」という人が、そういうテーマの小説を書くと、すごく嘘臭くなる（笑）。

「信じて」いないのは単純で、存在が証明されていないからです。でも、頭ごなしに「嘘だ」「インチキだ」と言うのも変だと思うんですよね。それくらいのスタンスがいちばん正しいんじゃないかな。数百年後に解明されるとしても。だから、人間のことについても結局はまだ何も分かっていないということですよね。

大里　そうですね。まだまだ分からない部分は多いですよね。

恩田　科学による研究はあってしかるべきだし、その過程で何か新しいものが生まれるかもしれないし。科学の発展につながって、人間についての理解も進むのではと思いますね。個人的には、科学と宗教の相似点も感じています。なぜかというと、学説が短いスパンで頻繁に変わるから。しかも、最近の量子力学や物理学にいたっては、着想が私たちの常識とはかけ離れていて、「これって本当に科学なの？」と思うこともしばしばです。

「はー?!」と思うことも多いんですけど、それはやはり「科学」として認知されているわけです。「科学」というものはすごく揺れているのだと思います。「みんなが聞いて、納得できる」というのが、「科学」の十分条件の一つだと思うんですが、私個人としては、全部が全部納得できるものではないんです。いかに計算上はそうなると言われても、信じられない。どこか宗教に似ていると直感的に考えているのですが。

ね。

私個人としては、「みんなが聞いて納得する」というのがポイントです。1000年後、謎が解明されるときには、その説明を聞く人々の意識も変わっているだろうし

「科学教」かな（笑）。

「超常現象を研究する」ということ

大里　科学者の中には、自分が体験してしまったという理由で研究をし始めた人がいます。今回の本にも出ていますが、臨死体験を経験してしまったエベン・アレグザンダー博士とか。

恩田　本がベストセラーになっていますよね（『プルーフ・オブ・ヘブン〜脳神経外科医が見た死後の世界』）。

大里　科学者が体験してしまったら、自分をごまかすことができないから、その原因をつきつめようと、研究せざるを得ない例が多いみたいですね。

あと、こういう研究をやっている科学者は、どうしてもよそからつつかれるんです。だから、研究ものすごく綿密にやっているということがありますね。条件設定を密にして、普通の学者以上に隙《すき》がないように実験や研究をしている印象があります。

だから、本流にならないのは分かっているけれど、ここまで隅に追いやられなくてもいいのになとは思います。かわいそうなくらい追いやられているのが現状ですね。

恩田　今の世の中、基礎研究など、お金と時間がかかる研究をやらないという風潮があるように思うんです。すぐに結果を出さなければいけないし、産業に結びつかない研究が軽視されるのは世知辛いですよね。私の知り合いの科学者は、「こんなのいったい何の役に立つのかな？」というものを研究している人ばっかりですけどね（笑）。でも、それってすばらしいことだと思うんです。「オール・オア・ナッシング」の世界はつまらないので、研究にしても何にしても、いろいろなことが生き延びられるようにしないとね。

大里　超常現象の研究の難しいところというか、誤解されやすいところというか、危ないところというか。それは、すぐに、超常現象が、「あるか」「ないか」という議論になりがちなところなんですよね。何度も言うように、超常現象があったとしても、今は説明できないだけの物理現象であって、決してオカルト的な現象ではないはずなんですよ。だから、科学者が、もし超常現象が「ある」と言ったとしても、それは「未解明の物理現象がある」と言っているだけのはずなのに、「オカルトがある」と言っているように誤解されてしまいやすい。これは、科学者にとっても全く本意ではないし、変に利用される危険性がある。超常現象を研究している科学者たちは、この点を常に注意しておく必要があると思うんです。科学者としては、「ある」か「ないか」より、もしあるとしたら、どうしてそんな現象が起こるのか、その合理的な原因の解明に興味があるわけですが、そこのところを飛び越えて、「ある」のか「ない」のかと、どうしても問われてしまいますからね。

恩田　結局、「信じているんですか？」「信じていないんですか？」という二つの選択肢、二元論に行き着いちゃうんですよね。

大里　そうなんですよ。でも本当は違うと思います。無条件に信じ始めたら、これは、本当に危険なことです。

恩田　結局、みんな不安なんだよね。

大里　今回の番組や書籍では、その危険性を最大限払拭《ふっしょく》したつもりなんですけどね。ただ、知り合いなんかには、「夢壊すな」とも言われましたけど（笑）。「いずれ、すべて科学で説明できる」って言われるとさみしいみたいなね。生きていく上のモチベーションとして、「死後の世界があったら……」と考える気持ちはわかる。でもそこは、冷酷に「ない」、と。

もしかしたら、「超常現象」という言葉が悪いのかもしれない。キャッチーだから、タイトルには使っているけど、実は番組本編の中では、あまり「超常現象」という言葉を使わないようにしたんです。なるべく「不可思議な現象」と言い換えるようにしました。

恩田　あ、そうですよね。

大里　「超常現象」と言ってしまうと、言葉のイメージで、「オカルト的な世界が存在する」とどうしても聞こえてしまう。だから、「現代の科学で説明できない現象があるんですよね」と置き換えることが重要なんです。

今回の番組と書籍は、かなり慎重に作ったつもりです。

恩田　一切煽《あお》りなし。

大里　そうです。

恩田　本を読んでいると、「お！」という事実が判明したりするんだけど、その後の、地の文では冷ます方に行くんですよ。「超常現象が存在しました！」というカタルシスを得るための本ではないから、しょうがないか。でもそれはきわめて正しい態度だと思いますけどね。

「超常現象」VS「科学」

大里　そういえば、恩田さんがおっしゃっている「あるかもしれない」というのは、どういう意味なんですか。「今の科学で解明できない事実」があるかもしれないのか、それとも、「人智《じんち》の及ばない不思議な世界」があるかもしれないのか。

恩田　いやいずれは科学で説明がつくんだろうとはやはり思っていますよね。でも、「あったらいいな」かな（笑）。夢ですかね。きっとあるんだろうとは思う。でも私が生きているうちには、解明されないんだろうな。私には縁がないかもしれない。

さっきも言いましたけど、二元論は嫌いなんですよ。グレーゾーンは必ずある。グレーゾーンこそが人間らしいところなんじゃないか。結局は個人の解釈ですけどね。やわらかい心で生きていきましょう（笑）。

――複数の人間が見たものであれば、いずれは解明できるような気がしますが、一人の人間の固有の体験、固有の感覚に根ざす現象についてはなかなか解明は難しいような気もします。

恩田　それは私たちが人間である以上、無理ですよね。私たちは自分の外には出られない。本当の客観性にはたどりつけないと思うんですけど。

現代科学が、今のところの客観性を担保しているとは思いますが、本当の客観性にたどりつくのは無理な気がします。

大里　私はたぶん、いずれ脳科学で相当説明できるようになると思っています。脳科学で説明つかないことが、ほかの科学の発展で説明できるようになるのではないでしょうか。しかし、そのときには、また我々が想像もしていないような謎が出現しているかもしれない。常に謎は存在しているんじゃないかと。

恩田　もしかしたら、未来はもっとオカルト的な世界になっているかもしれない(笑)。それこそ、霊の存在も実証されちゃって、今から見ると非科学的な世界になっているかも。

大里　今の我々には、想像もつかないような発見や理論の構築が成されていると思いますよ。例えば、古代の人が感知式の自動ドアを見たら、「超常現象」としか思えないはずです。「赤外線」という概念すらなかったわけだから。それと同じように、未来では、新たな理論ができてきて、いわゆる「生まれ変わり」についても説明がついているかもしれないし、そうでないかもしれない。

恩田　大里さん、『超常現象の科学　なぜ人は幽霊が見えるのか』という本は読みました？

大里 読みました、読みました。

恩田 認知科学の話になっていくんですよね。「超常現象」をいかに理解するかということは、結局、「どのように世界を認識しているか」「どのように世界が見えるか」という命題につながっていく。そこから考えていけば、「超常現象」を生物学や医学の視点から分析してもなんら違和感がない。

未知の領域という面では、「超常現象」も、他の研究テーマと同じだから。物理でも生物学でも「未知なるテーマに挑戦する」というのは同じですよ。単なる、「未知の現象」として捉えれば、研究するのは普通のこと。

大里 解明できない謎に挑戦してきたことが科学の歴史だと思うんです。「超常現象」も同じだと思います。「そんなのありえない」と蓋《ふた》をしてしまったら、それ以上進まない。みずから、進歩の機会を奪っているようなものですよね。不可思議な謎に挑戦することで、生み出される成果があると思うのです。

事実、科学者たちが「超常現象」に対峙《たいじ》することで、今の科学じゃ説明できない「事実」があるらしいという片鱗《へんりん》が浮かび上がってきています。いろいろな仮説や発見も生まれています。つまり、今の科学では説明できない「事実」があるということは、それを説明する新たな理論が発生する素地が、そこにあるということです。その結果、ますます科学は発展していくのではないでしょうか。謎が難解であればあるほど、そこに挑む価値があり、挑む科学者たちがいる。解明できるかできないかは実は二の次なんです。それらの研究はもしかしたら無駄な努力に終わるかもしれないし……。でも、つぶしてしまってはいけない。科学には、まだいろいろな可能性がありうるということを提示したかったんです。

恩田　うまくまとめていただきました。

了

（この対談は2014年3月22日、NHK出版で行われたものです）

執筆者紹介

〈はじめに〉
大里智之（おおさと・ともゆき）
1963年茨城県生まれ。86年 NHK 入局。NHK スペシャル「四大文明」「ローマ帝国」「失われた文明 インカ・マヤ」「エジプト発掘」「知られざる大英博物館」などの大型シリーズを制作。

〈第一部　さまよえる魂の行方〜心霊現象〜〉
梅原勇樹（うめはら・ゆうき）
1979年大阪府生まれ。2001年 NHK 入局。NHK スペシャル「激動イスラム」「キラーストレス」「憲法70年 “平和国家” はこうして生まれた」、ETV 特集「ネットワークでつくる放射能汚染地図」などを担当。

〈第二部　秘められた未知のパワー〜超能力〜〉
苅田 章（かんだ・あきら）
1970年岡山県生まれ。93年 NHK 入局。「奇跡の干潟 六条潟」「模索〜原発ができなかった町で」、NHK スペシャル「MEGAQUAKE Ⅲ」など、自然環境やサイエンスを扱った番組を担当。

この作品は二〇一四年三月ＮＨＫ出版より刊行された。

M・デュ・ソートイ
冨永星訳
素数の音楽
神秘的で謎めいた存在であり続ける素数。世紀を越えた難問「リーマン予想」に挑んだ天才数学者たちを描く傑作ノンフィクション。

B・ブライソン
楡井浩一訳
人類が知っていること
すべての短い歴史
（上・下）
科学は退屈じゃない！　科学が大の苦手だったユーモア・コラムニストが徹底して調べて書いた極上サイエンス・エンターテイメント。

J・B・テイラー
竹内薫訳
奇跡の脳
―脳科学者の脳が壊れたとき―
ハーバードで脳科学研究を行っていた女性科学者を襲った脳卒中――8年を経て「再生」を遂げた著者が贈る驚異と感動のメッセージ。

D・ボダニス
吉田三知世訳
電気革命
―モールス、ファラデー、チューリング―
電信から脳科学まで、電気をめぐる研究と実用化の歴史は劇的すぎる数多の人間ドラマの集積だった！　愛と信仰と野心の科学近代史。

M・デュ・ソートイ
冨永星訳
シンメトリーの地図帳
古代から続く対称性探求の果てに発見された巨大結晶「モンスター」。『素数の音楽』の著者と旅する、美しくも奇妙な数学の世界。

R・ウィルソン
茂木健一郎訳
四色問題
四色あればどんな地図でも塗り分けられるか？　天才達の苦悩のドラマを通じ、世紀の難問の解決までを描く数学ノンフィクション。

加藤陽子著
それでも、日本人は「戦争」を選んだ
小林秀雄賞受賞

日清戦争から太平洋戦争まで多大な犠牲を払い列強に挑んだ日本。開戦の論理を繰り返し正当化したものは何か。白熱の近現代史講義。

清水潔著
桶川ストーカー殺人事件 遺言

「詩織は小松と警察に殺されたんです……」悲痛な叫びに答え、ひとりの週刊誌記者が真相を暴いた。事件ノンフィクションの金字塔。

清水潔著
殺人犯はそこにいる
—隠蔽された北関東連続幼女誘拐殺人事件—
新潮ドキュメント賞・日本推理作家協会賞受賞

5人の少女が姿を消した。冤罪「足利事件」の背後に潜む司法の闇。「調査報道のバイブル」と絶賛された事件ノンフィクション。

「選択」編集部編
日本の聖域《サンクチュアリ》

この国の中枢を支える26の組織や制度のアンタッチャブルな裏面に迫り、知られざる素顔を暴く。会員制情報誌「選択」の名物連載。

「選択」編集部編
日本の聖域《サンクチュアリ》 アンタッチャブル

「知らなかった」ではすまされない、この国に巣食う闇。既存メディアが触れられないタブーに挑む会員制情報誌の名物連載第二弾。

「選択」編集部編
日本の聖域《サンクチュアリ》 ザ・タブー

大手メディアに蔓延する萎縮、忖度《そんたく》、自主規制。彼らが避けて触れない対象にメスを入れる会員制情報誌の名物連載シリーズ第三弾。

超《ちょう》常《じょう》現《げん》象《しょう》

科学者たちの挑戦

新潮文庫　え－20－10

平成三十年六月一日発行

著者　NHKスペシャル取材班《しゅざいはん》

発行者　佐藤隆信

発行所　株式会社　新潮社

郵便番号　一六二―八七一一
東京都新宿区矢来町七一
電話　編集部(〇三)三二六六―五四四〇
　　　読者係(〇三)三二六六―五一一一
http://www.shinchosha.co.jp

価格はカバーに表示してあります。

乱丁・落丁本は、ご面倒ですが小社読者係宛ご送付ください。送料小社負担にてお取替えいたします。

印刷・錦明印刷株式会社　製本・錦明印刷株式会社

ISBN978-4-10-128380-7　C0195